AF404361

JURISPRUDENCE

ÉLECTORALE PARLEMENTAIRE

JURISPRUDENCE

ÉLECTORALE PARLEMENTAIRE

RECUEIL DES DÉCISIONS

DE L'ASSEMBLÉE NATIONALE

(CONSTITUANTE ET LÉGISLATIVE)

En matière de vérifications de pouvoirs,

PAR

M. ALPHONSE GRÜN

Avocat, rédacteur en chef du *Moniteur universel.*

PARIS

CHEZ GUILLAUMIN, LIBRAIRE

Rue Richelieu, 14.

1850

JURISPRUDENCE

ÉLÉCTORALE PARLEMENTAIRE

DÉCISIONS

DE L'ASSEMBLÉE NATIONALE

(CONSTITUANTE ET LÉGISLATIVE)

EN MATIÈRE DE VÉRIFICATIONS DE POUVOIRS.

1. Les décisions des assemblées législatives sur les élections de leurs membres ont été recueillies, pour la première fois, d'une manière complète, dans mon ouvrage intitulé *Jurisprudence parlementaire*. Ce travail, qui a pour point de départ la loi du 19 avril 1831, a été continué, après les élections générales de 1842 et de 1846, par les notices que M. Dalloz a bien voulu insérer dans son recueil périodique de jurisprudence pour ces deux années. Je le complète aujourd'hui en recueillant les décisions intervenues depuis l'établissement du gouvernement républicain. Le changement radical introduit dans nos lois électorales par le principe du suffrage universel ne brise nullement la chaîne des traditions parlementaires; les précédents relatifs, par exemple, au mode de vérification des pouvoirs, aux enquêtes, à l'appréciation des fraudes électorales, aux calculs des suffrages, aux attributions de bulletins, etc., conservent aujourd'hui leur

intérêt et leur autorité. Quant aux solutions antérieures à la loi de 1831, elles se trouveront, avec toutes les autres, dans l'article *Droits politiques*, de la seconde édition de la *Jurisprudence générale* de M. Dalloz.

2. Avant d'entrer dans le détail des nouvelles décisions parlementaires, je dois présenter deux observations. La première, c'est que les vérifications de pouvoirs, par l'Assemblée constituante, ont été faites sous l'empire du décret du gouvernement provisoire du 5 mars 1848, tandis que, pour l'Assemblée législative, elles ont eu pour base la loi du 15 mars 1849, modifiée, quant aux circonscriptions électorales, par le décret du 26 décembre 1849.

3. La seconde observation, c'est que, les élections ayant lieu par département, et dans un grand nombre de sections morcelées, les irrégularités qui affectent les opérations d'une ou même de plusieurs sections ont beaucoup moins d'influence sur le résultat de l'élection que lorsque le vote était concentré entre un petit nombre d'électeurs réunis dans des colléges d'arrondissement; il en résulte que, pour valider une élection départementale, on peut et on doit, plus souvent qu'autrefois, consulter le chiffre de la majorité finale, et faire abstraction des votes irréguliers qui auraient vicié l'élection d'une ou de quelques sections. On verra de très-nombreuses applications de ce principe. Si on agissait autrement, on fatiguerait le pays par des élections incessamment répétées, sans nécessité pour le maintien de la pureté et de la moralité de l'élection ; le vote de tout un département ne saurait être vicié par l'erreur ou la faute d'une de ses communes.

§ 1er. *Des listes électorales.*

4. L'inaccomplissement des obligations imposées à divers agents ou fonctionnaires, pour la confection, la révision et la rectification des listes, ne doit pas tourner contre les électeurs et les élus, surtout quand l'élection n'a pu être faussée par l'inobservation des formalités légales.

5. Ainsi les irrégularités résultant de ce que la liste électorale d'une commune n'aurait pas été revisée par le con-

seil municipal, et de ce qu'elle n'aurait pas été terminée dans le délai légal, ne sont pas de nature à infirmer l'élection, si, en décomptant du nombre des suffrages exprimés le nombre des suffrages que cette commune aurait pu donner à d'autres candidats, la majorité restait toujours acquise à l'élu.

(El. (1) de M. Vaudoré, M. Havin, rapp., 28 septemb. 1848, *Mon.* du 29, p. 2631.)

6. L'illégalité résultant de ce qu'un grand nombre de maires n'ont pas dressé le tableau de rectification prescrit par la loi, ou du moins n'ont pas envoyé à la préfecture les arrêtés de clôture qu'ils auraient dû prendre après avoir opéré les rectifications, n'annule pas l'élection, si le nombre des citoyens qui ont pu être privés de leurs droits politiques, et ainsi auraient dû disparaître de la liste, n'a pas dû être assez considérable pour affecter sensiblement l'élection.

(El. de Saône-et-Loire, M. Chaissaigne-Goyon, rapp., 23 mars 1850, *Mon.* du 24, p. 987.)

Même principe, dans une autre élection du même département, 11 mai 1850, *Mon.* du 12, p. 1621 ; M. Chaissaigne-Goyon, rapp.

7. La circonstance que des électeurs d'une commune n'auraient pas été admis à voter à cause d'irrégularités commises par le maire dans la confection de la liste, ne peut vicier l'élection si le nombre de ces électeurs était trop peu important pour avoir la moindre influence sur le résultat.

(El. de M. Rivet, M. Desclais, rapp., 3 octobre 1848, *Mon.* du 4, p. 2697.)

8. Toutes les personnes désignées par l'art. 2 de la loi doivent être comprises sur la liste ; celles qui auraient été omises peuvent réclamer dans les formes et les délais que la loi prescrit.

L'omission de quelques citoyens sur les listes électorales ne peut être prise en considération par l'assemblée ;

---

(1) Explication des abréviations : *El.*, élection ; *rapp.*, rapporteur ; *Mon.*, Moniteur ; *p.*, page.

c'était à eux de réclamer dans le temps et dans les formes prescrites par la loi.

(El. de Vaucluse, M. Loyer, rapp., 2 juin 1849, *Mon.* du 3, p. 1972 ; — des Basses-Alpes, M. Lequien, rapp., 7 juin 1849, *Mon.* du 8, p. 2019.)

9. Si la liste doit contenir toutes les personnes auxquelles la loi reconnaît la capacité électorale, d'un autre côté, elle ne doit pas comprendre les noms de celles que la loi défend d'inscrire, ou qui sont étrangères au département.

10. On ne peut prétendre que, dans le vote des ouvriers d'un arsenal maritime, on aurait fait voter des personnes levées, requises dans d'autres départements, si les procès-verbaux portent que chaque électeur, avant de voter, a présenté sa carte d'électeur ou le certificat de son droit électoral.

(El. du Var, M. Ch. Dupin, rapp., 2 mai 1850, *Mon.* du 3, p. 1483.)

11. Les bureaux électoraux devant lesquels des citoyens se présentent pour voter n'ont pas d'autre règle à suivre, pour les admettre ou les repousser, que l'inscription ou la non-inscription sur la liste. (Voyez ci-après, § 4.)

12. De ce que les bureaux électoraux sont tenus de suivre exclusivement les inscriptions sur les listes électorales, il s'ensuit qu'ils devraient admettre à voter des personnes incapables ou indignes, qui n'auraient pas été rayées des listes. A ce sujet, des contestations se sont élevées sous les anciennes chambres ; la question ne s'est pas présentée d'une manière absolue depuis les nouvelles lois électorales.

13. Seulement il a été décidé que, de ce que deux repris de justice auraient voté dans une élection, il ne s'ensuit pas que l'élection doive être invalidée ; il y a seulement lieu de renvoyer la protestation qui signale ce fait au ministre de la justice.

(El. de Vaucluse, M. Loyer, rapp., 2 juin 1849, *Mon.* du 3, p. 1972.)

14. Il ne résulte pas, non plus, nullité de ce qu'un maire aurait inscrit sur les listes électorales et admis à voter des citoyens qui n'avaient pas atteint l'âge de la majorité,

ou qui, par suite de condamnations judiciaires, auraient perdu leurs droits civiques ; seulement les pièces relatives à ce fait doivent être envoyées au ministre de la justice, afin qu'il poursuive, s'il y a lieu, devant les tribunaux.

(El. du Tarn, M. Pascal Duprat, rapp., 31 mai 1849, *Mon.* du 1er juin, p. 1954.)

15. Il a été décidé aussi, dans le même sens, que le vote de quatre faux électeurs dans deux sections ne suffit pas pour faire annuler une élection qui a eu lieu à une grande majorité.

(El. de la Martinique, M. Champanhet, rapp., 23 juillet 1849, *Mon.* du 24, p. 2445.)

16. Il avait été décidé, dans une affaire où l'immixtion d'électeurs non inscrits avait pu être considérée comme une manœuvre frauduleuse, que l'admission au vote, dans plusieurs sections, d'individus non inscrits sur les listes électorales, et l'intercalation de leurs noms sur ces listes au moment du vote, entraînent la nullité de l'élection.

(El. de M. Gent, M. Chapot, rapp., 10 août 1848, *Mon.* du 11, p. 1964.)

17. Le grand principe de la permanence des listes électorales a été confirmé par la loi du 15 mars 1849 ; elle porte qu'il ne pourra être fait de changement aux listes que lors de la révision annuelle ; cette révision n'est définitivement arrêtée que le 31 mars de chaque année ; c'est sur la liste ainsi revisée que se font les élections, à quelque époque de l'année qu'elles aient lieu ; de sorte que les citoyens qui ont acquis leur droit électoral et qui ont été portés sur le tableau rectificatif dressé au commencement de janvier, ne peuvent pas voter avant le 1er avril ; jusqu'à cette dernière époque, la liste permanente de l'année précédente est la seule en vigueur.

18. Une élection doit être annulée si plus de 6,000 électeurs, portés sur les listes d'une année, ont voté avant l'époque où ils pouvaient le faire (avant le 31 mars), alors même qu'en défalquant leurs suffrages il resterait encore une grande majorité aux élus. Une intrusion aussi considérable d'électeurs sans droit de voter peut être considérée comme une cause d'influence illégale, surtout s'il y a

eu un très-grand nombre d'électeurs du département qui se sont abstenus de voter.

Le bureau de l'Assemblée avait, tout en signalant l'illégalité, conclu à la validité des élections, qui furent annulées après une longue discussion.

(El. de Saône-et-Loire, M. Chassaigne-Goyon, rapp., 23 mars 1850, *Mon.* du 24, p. 987 et suiv.)

19. Il n'en est pas de même si le nombre des électeurs admis à voter d'après leur inscription sur une liste qui ne pouvait pas encore servir, était relativement peu considérable, et ne pouvait avoir d'influence sur le résultat général de l'élection.

20. Ainsi l'irrégularité résultant de ce que des électeurs ne sont pas inscrits sur la liste de l'année, remise au président pour servir aux élections, n'est pas de nature à infirmer l'élection, si, en attribuant aux autres candidats tous les votes de la commune où cette irrégularité a été commise, la majorité reste acquise à l'élu.

(El. de M. Vaudoré, M. Havin, rapp., 28 septembre 1848, *Mon.* du 29, p. 2631.)

21. De même, l'irrégularité résultant de ce qu'un petit nombre d'électeurs ont voté dans une commune d'après les listes de l'année courante, avant l'époque où elle devait être mise en activité, ne vicie pas l'élection si elle a eu lieu à une grande majorité.

(El. de l'Isère, M. Bucher de Chauvigné, rapp., 25 mars 1850, *Mon.* du 26, p. 1000.)

22. L'irrégularité tirée de ce que quelques militaires appartenant à un département auraient voté avant l'époque de l'année où, d'après la liste, ils pouvaient exercer leur droit, n'entraîne pas nullité, si la défalcation de leurs suffrages n'enlève pas la majorité au candidat à qui les autres voix appartiennent.

(El. du Var, M. Ch. Dupin, rapp., 2 mai 1850, *Mon.* du 3, p. 1483.)

23. A plus forte raison, il n'y a pas lieu de s'arrêter à une protestation alléguant que le président d'une section aurait reçu le vote d'un citoyen dont le nom n'avait été porté sur la liste de la commune qu'après la clôture définitive, et avant l'époque de la révision annuelle; ce fait

constituerait une infraction à la loi, mais ne saurait exercer aucune influence sur l'élection, surtout si elle a eu lieu à une forte majorité.

(El. de M. Favand, M. Grimault, rapp., 28 janv. 1850 *Mon.* du 29, p. 322.)

24. Décidé dans le même sens, que si, dans une section, quelques électeurs, portés pour la première fois sur les listes de l'année, ont voté avant le temps où leur inscription leur en donnait le droit, il en résulte seulement que ces suffrages ne doivent pas être comptés, et l'élection reste valable si, en supposant que les suffrages illégalement donnés eussent tous appartenu à l'élu, la majorité ne s'en trouvait pas changée.

(El. de M. Dufour, M. Lacave, rapp., 22 mars 1850, *Mon.* du 23, p. 971.)

25. Des gardes-chiourmes, considérés comme sédentaires dans le département, ne peuvent y voter qu'autant qu'ils auraient été inscrits sur la liste générale de l'année ; s'ils ont voté avant l'époque où cette liste doit être mise à exécution, leurs suffrages sont illégaux et doivent être supprimés ; mais il n'en résulte pas nullité pour les élections si le nombre de ces suffrages est trop restreint pour avoir pu exercer une influence sur le résultat de l'élection.

(El. du Var, M. Ch. Dupin, rapp., 27 mars 1850, *Mon.* du 28, p. 1025.)

Dans cette affaire, M. Baudin a voulu assimiler, et M. le rapporteur a combattu l'analogie, la formation et le vote d'une section illégale avec les suffrages nombreux donnés, dans l'élection de Saône-et-Loire, par des électeurs sans droit de voter à raison du même vice de leur inscription.

26. Il n'y a pas lieu de s'arrêter à des protestations alléguant que, dans plusieurs circonscriptions, on aurait voté sur les listes nouvelles de l'année non encore mises en activité, si les protestations sont postérieures à l'élection ; si le préfet déclare qu'on a voté d'après les anciennes listes et que s'il y a eu erreur, elle n'a été commise que dans une commune et sur un chiffre sans importance ; si aucune réclamation n'a été élevée de la part des habitants

des communes contre des inscriptions indues qui auraient été opérées ou maintenues ; si les protestations se bornent à indiquer que tant d'individus ont été indûment inscrits dans telles communes, et que tant d'autres auraient voté, sans donner aucun relevé de ces indues inscriptions ou au moins des indications de quelques noms afin qu'on pût vérifier si ce seraient ceux d'électeurs anciens ou d'électeurs nouveaux ; si, dans plusieurs communes, les maires ont compris dans les listes générales des militaires rentrés dans leurs foyers, et dont l'inscription et le vote ont pu être confondus avec l'apparition d'électeurs nouveaux ; enfin, si, en retranchant tous les votes des électeurs qu'on prétend avoir été sans droit, et qu'on aurait cependant laissés voter sans réclamation, la majorité resterait encore à l'élu dont l'élection est contestée.

(El. du Haut-Rhin, M. Vernhette, rapp., 5 avril 1850, *Mon.* du 6, p. 1110.)

27. Il n'y a pas lieu de s'arrêter à une protestation alléguant qu'un grand nombre d'électeurs auraient voté avant l'époque où la liste nouvelle où ils figuraient devait être mise en activité, et fondée sur ce que des procès-verbaux portaient un nombre égal, ou à peu près, d'inscrits et de votants, ce qui faisait supposer que les manquants, d'après l'ancienne liste, avaient été remplacés par ceux de la nouvelle, et sur ce que des recherches faites à la préfecture tendraient à prouver que les nouvelles listes con·tenaient plus de noms que celles de l'année précédente : si, d'une part, les mentions, sur quelques procès-verbaux, d'un chiffre de votants égal à celui des inscrits, provenaient de l'inattention des secrétaires, les listes officielles portant un chiffre supérieur à celui des votants; si, d'une autre part, les listes successivement transmises par le préfet et donnant des résultats différents l'un de l'autre n'avaient varié que parce que les tableaux n'avaient été dressés que sur le vu des arrêtés de clôture des maires, envoyés successivement, et établissant, en définitive, une diminution sur le nombre des électeurs inscrits l'année précédente.

(El. du Haut-Rhin, M. Vernhette, rapp., 5 avril 1850, *Mon.* du 6, p. 1110.)

28. Une omission dans le procès-verbal du recensement général, provenant de ce qu'on a oublié d'y comprendre les électeurs militaires, peut être réparée par un relevé officiel adressé par le préfet. Cette dernière pièce suffit donc pour prouver que le nombre des électeurs inscrits est moindre que celui des électeurs de l'année précédente, bien qu'il paraisse supérieur par suite de l'omission, sur cette dernière liste, des électeurs militaires.

(El. de l'Ardèche, M. de Lagrange, rapp., 25 mars 1850, *Mon.* du 26, p. 1005, et 26, *Mon.* du 27, p. 1012.)

29. Lorsque, dans une colonie, l'élection n'a donné à aucun candidat le nombre de voix nécessaire pour qu'il puisse être élu, la seconde élection n'est pas nulle par cela seul que le recensement des électeurs inscrits établit que, dans l'intervalle entre les deux élections, le nombre des électeurs a diminué, si ces modifications, quelle qu'en soit la cause, n'ont pas eu lieu dans l'intérêt des élus et ne leur ont pas profité, s'il n'y a pas eu de protestation contre la confection des listes et le nombre des électeurs, et s'il ne s'est présenté, pour voter, aucun électeur qui eût pris part au premier scrutin et qu'on eût repoussé faute d'inscription.

(El. de la Réunion, M. Renouard, rapp., 12 avril 1850, *Mon.* du 13, p. 1106.)

§ 2. *Du jour et du lieu de l'ouverture des colléges électoraux; des sections et circonscriptions.*

30. Les colléges électoraux doivent s'ouvrir le jour et dans le lieu qui ont été indiqués.

31. Il ne résulte pas nullité de ce que, après une première convocation pour la nomination d'un représentant, les électeurs ont été appelés pour le même jour à élire un second candidat.

(El. du Tarn. Cette manière d'opérer, cette réunion, dans un même jour, de deux élections qui devaient, d'après la date de la vacance, avoir lieu successivement, avait eu pour motif, de la part de l'autorité, le désir d'épargner aux électeurs un déplacement. M. Boissel, rapp. 12 déc. 1848, *Mon.* du 13 et du 14, p. 3550 et 3564.)

32. Des changements du jour et du lieu de réunion de plusieurs colléges électoraux, peuvent être une cause d'annulation d'une élection.

(El. de M. Lucien Bonaparte, M. Marquis, rapp., 9 janv. 1849, *Mon.* du 10, p. 74.)

33. Lorsque l'élection n'ayant pas lieu dans le local indiqué, le juge de paix président s'est transporté à la mairie où il a trouvé la présidence indûment occupée par son suppléant; qu'un grand nombre d'électeurs n'ont pas voulu voter ; que, sur la convocation irrégulière de plusieurs maires, une nouvelle assemblée électorale a eu lieu dans une commune autre que le chef-lieu du canton, les opérations électorales de ces deux jours sont également nulles.

(El. de la Corse, M. Bauchard, rapp., 17 mai 1848, *Mon.* du 18, p. 1077.)

34. L'irrégularité résultant de ce que, dans une section, le suppléant du juge de paix ne voyant, à l'heure de la convocation, arriver ni les maires des communes de la circonscription, ni les listes électorales, a cru devoir se dispenser d'ouvrir la séance; de ce que la séance a été ouverte plus tard avec l'autorisation verbale du maire, et de ce qu'une partie des électeurs sont allés voter dans une commune autre que celle qui leur était indiquée, n'entraîne pas nullité si le nombre total des électeurs de cette section étant supposé retranché, la majorité reste encore acquise à tous les élus.

(El. de la Corrèze, M. Arène, rapp., 29 mai 1849, *Mon.* du 30, p. 1928.)

35. Il n'y a pas lieu de s'arrêter à une protestation par laquelle des électeurs se plaignent qu'on ait subdivisé une section électorale et formé une sous-section, si, en supposant la suppression des suffrages donnés dans ces localités, la majorité n'en était pas changée.

(El. du Var, M. Ch. Dupin, rapp., 27 mars 1850, *Mon.* du 28, p. 1025.)

36. Un préfet maritime a pu établir des sections électorales dans un arsenal, pour y recevoir les votes des ou-

vriers employés dans la marine, s'il a agi d'accord avec le préfet du département.

(El. du Var, M. Ch. Dupin, rapp., 27 mars 1850, *Mon.* du 28, p. 1025.)

37. Lorsque des sections spéciales ont été établies dans un arsenal maritime pour y recevoir les votes des ouvriers employés par la marine, les ouvriers *extra muros* peuvent y voter aussi bien que les ouvriers *intra muros*.

(El. du Var., M. Ch. Dupin, rapp., 27 mars 1850, *Mon.* du 28, p. 1025.)

38. Il y a irrégularité, mais non cause de nullité, si, dans une élection où des sections spéciales ont été établies dans un arsenal maritime, on a appelé pour y voter, non-seulement les ouvriers des professions navales, désignés sous le nom d'inscrits, mais tous les ouvriers de la marine, quoique tous n'appartiennent pas à l'inscription maritime proprement dite.

(El. du Var, M. Ch. Dupin, rapp., 27 mars 1850, *Mon.* du 28, p. 1025.)

39. Les articles de la loi du 15 mars 1849, qui limitent à quatre le nombre des circonscriptions électorales entre lesquelles un canton peut être divisé, ont été modifiés par la loi du 26 décembre 1849, qui permet aux conseils généraux de multiplier le nombre des circonscriptions.

La disposition de cette dernière loi, portant que toute circonscription électorale devra renfermer au moins 500 habitants, doit s'entendre de toute la circonscription électorale, et non du lieu seulement où l'élection s'accomplit.

(El. de l'Isère, M. Callet, rapp., 25 mars 1850, *Mon.* du 26, p. 1001.)

40. L'illégalité résultant de ce que les maires de deux communes ont fait voter dans une circonscription autre que celle désignée par le conseil général du département, n'annule pas l'élection faite à une grande majorité.

(El. du Cher, M. François Marrast, rapp., 21 mars 1850, *Mon.* du 22, p. 955).

41. Une élection n'est pas nulle par cela que, dans une

commune, composée de plusieurs sections de communes, le maire a fixé le lieu de la réunion dans un autre endroit que celui déterminé par le conseil général, malgré les réclamations des conseillers municipaux et les protestations d'un grand nombre d'électeurs, si les électeurs qui se sont abstenus n'ont pas été empêchés d'exercer leurs droits, et si, en supposant que les voix de ceux qui se sont abstenus eussent toutes été données au candidat non élu, la majorité n'aurait pas été changée.

(El. de l'Isère, M. Bucher de Chauvigné, rapp., 25 mars 1850, *Mon.* du 26, p. 1000.)

42. Des protestations dénonçant des abus qui auraient été commis dans deux sections ne peuvent affecter l'élection de ceux des candidats qui, en supposant que les suffrages de ces sections leur auraient manqué, réuniraient encore la majorité.

(El. du Loiret, M. Chadenet, rapp., 29 mai 1849, *Mon.* du 30, p. 1930.)

43. De même, des illégalités commises dans trois sections ne peuvent faire annuler l'élection, si la suppression des suffrages donnés dans ces sections, ne changerait rien à la majorité acquise aux candidats élus.

(El. du Cher, M. François Marrast, rapp., 21 mars 1850, *Mon.* du 22, p. 955.)

44. A plus forte raison, des irrégularités et des faits repréhensibles qu'on imputerait au bureau dans une seule section, ne sauraient faire annuler l'élection, si, même en invalidant les opérations de cette section, et en supprimant les votes qui y ont été donnés, une majorité considérable demeure acquise aux candidats élus.

(El. de la Vienne, M. Avond, rapp., 24 janvier 1849, *Mon.* du 25 p. 249.)

45. Quelques irrégularités relevées dans la manière dont les votes ont pu être faits dans certaines localités, ne sauraient affecter la validité des élections, si la majorité pour les élus a été considérable.

(El. du Finistère, M. Baudin, rapp., 29 mai 1849, *Mon.* du 30, p. 1929.)

§ 3. *De la présidence et de la police des colléges électoraux;
de la composition et de la présence du bureau.*

46. La loi détermine les fonctionnaires auxquels appartient la présidence des colléges et sections, soit au chef-lieu de canton, soit dans les autres circonscriptions.

47. Une élection n'est pas nulle par cela. seul que le juge de paix a présidé une autre section que celle du chef-lieu de canton.

(El. du Cher, M. François Marrast, rapp., 21 mars 1850, *Mon.* du 22, p. 955.)

48. Le président a la police du collége ou de la section.

Le fait, de la part d'un président, d'avoir menacé deux électeurs d'expulsion par la force armée, n'est que l'exercice de ce droit de police que la loi lui attribue, et ne peut être rattaché à une question d'invalidité de l'élection.

(El. des Basses-Alpes, M. Lequien, rapp., 7 juin 1849, *Mon.* du 8, p. 2019.)

49. Par une mesure de police et de précaution, la loi veut qu'aucun électeur ne puisse entrer dans le collége électoral s'il est porteur d'armes quelconques.

Le fait isolé, d'ailleurs non mentionné dans le procès-verbal, de l'introduction de gardes nationaux en armes dans une section, ne peut annuler l'élection. Cette allégation laisse supposer que ces gardes nationaux étaient ceux du poste, qui seraient venus avec leurs sabres, et auraient voté sans contestation ni réclamation.

(El. de l'Aube, M. Chégaray, rapp., 31 mai 1849, *Mon.* du 1er juin, p. 1955.)

50. Le premier soin du président doit être de composer le bureau de la manière prescrite par la loi électorale, art. 34 et 36.

De ce que, dans une commune, aucun suffrage n'a été exprimé parce qu'il n'a pas été possible de composer le bureau de la section; de ce que, dans une autre commune, le bureau n'a pu être composé, en l'absence du

maire et du conseil municipal, que par trois citoyens présents, il n'en résulte pas que l'élection du département
soit nulle, si d'ailleurs le candidat élu a obtenu la majorité
légale.

(El. de Saône-et-Loire, M. Casimir Périer, rapp., 17
juillet 1849, *Mon.* du 18, p. 2377.)

51. Une élection, dans une colonie, ne doit pas être
annulée par cela que, dans deux sections, les bureaux
n'ont pas pu fonctionner le premier jour, les présidents
ne trouvant point de scrutateurs sachant lire et écrire, et
qu'on n'y a pourvu que le second jour, où le vote a eu lieu.

(El. de la Guyane, M. de Kerdrel, rapp., 16 octobre
1849, *Mon.* du 17, p. 3169.)

52. L'allégation que deux assesseurs ne savaient ni lire
ni écrire n'a aucune valeur, si le procès-verbal est régulièrement signé par tous les membres du bureau.

(El. de Vaucluse, M. Loyer, rapp., 2 juin 1849, *Mon.*
du 3, p. 1972.)

53. La loi veut que trois membres au moins du bureau
soient présents pendant tout le cours des opérations du
collége.

L'absence d'un des membres du bureau du collége pendant une séance est insignifiante, s'il est établi que les
autres n'avaient pas désemparé.

(El. du Nord, M. Havin, rapp., Ass. nat. 4 mai 1848,
Mon. du 5, p. 950.)

54. En supposant que l'irrégularité provenant de ce
que, dans une section, il ne serait resté, à deux reprises,
que deux membres au bureau pendant le scrutin, fût une
cause de nullité, elle ne vicierait que les opérations de la
section, et n'entraînerait pas l'annulation de l'élection entière, si le chiffre de tous les électeurs de cette section ne
pouvait changer la majorité.

(El. de la Martinique, M. Champanhet, rapp., 23 juillet
1849, *Mon.* du 24, p. 2445.)

55. L'allégation que, pendant quelque temps, dans deux
sections, il n'y aurait eu que deux membres au bureau,
est sans valeur, si on ne dit pas que ce fait, supposé
vrai, ait exercé aucune influence sur le résultat des opérations, et que, d'ailleurs, les procès-verbaux établissent

u'il y a eu constamment au bureau le nombre de mem-
res voulu par la loi.

(El. de Vaucluse, M. Loyer, rapp., 2 juin 1849, *Mon.*
u 3, p. 1972.)

56. L'allégation contenue dans une protestation, si-
née d'un petit nombre de citoyens plusieurs jours après
élection, que, dans une section, le scrutin est resté ouvert
endant la première heure du matin, en présence du pré-
ident et d'un seul scrutateur, et que le troisième membre
u bureau ne serait arrivé que plus tard, ne doit pas être
rise en considération, si le procès-verbal de cette sec-
ion constate que trois membres du bureau ont été con-
tamment présents, et qu'aucune réclamation n'ait été
aite séance tenante.

(El. de l'Aude, M. Larabit, rapp., 2 juin 1849, *Mon.* du
, p. 1969.)

57. L'irrégularité résultant de ce que quelques votes
nt été reçus par le président du bureau, en l'absence des
crutateurs et en présence du brigadier de la gendarme-
ie, n'entraîne pas nullité, cette peine n'étant pas ordonnée
ar la loi ; si, d'ailleurs, au fait matériel de l'infraction,
e se joint pas même l'allégation d'un soupçon de fraude,
t s'il est expliqué que le président n'a agi comme il l'a
ait que parce qu'il ne lui a pas été possible de retenir ses
ssesseurs pendant l'heure habituelle de leurs repas.

(El. des Basses-Alpes, M. Lequien, rapp., 7 juin 1849,
Mon. du 8, p. 2019.)

58. Il suffit de la présence au bureau de deux scru-
ateurs et du secrétaire, ce dernier devant être considéré
omme faisant partie du bureau ; les bulletins reçus quand
e bureau était ainsi composé, le sont donc régulièrement ; d'ailleurs, cette circonstance est indifférente, si, en
upposant qu'il y ait là une irrégularité, la majorité ne
ourrait en être affectée, à raison du petit nombre des
lecteurs de la commune et du grand nombre de suffrages
btenu par l'élu dans le département.

(El. de l'Isère, M. Bucher de Chauvigné, rapp., 25 mars
850, *Mon.* du 26, p. 1000.)

§ 4. *De l'entrée dans les colléges et de l'admission au vote.*

59. L'entrée dans les salles de colléges ou de sections est accordée à ceux qui présentent la carte qui leur a été délivrée par l'autorité municipale.

60. La circonstance qu'un maire aurait limité les jours et les heures auxquelles les cartes électorales seraient remises, de manière que plusieurs électeurs n'auraient pu s'en faire délivrer le jour de l'élection, est indifférente si cette illégalité n'a pu nuire qu'à un nombre d'électeurs trop peu élevé pour affecter la majorité.

(El. de M. de Laussat, M. Saint - Romme, rapp., 16 juin 1848, *Mon.* du 17, p. 1397.)

61. Il y a irrégularité, mais non nullité de l'élection, si la majorité pour l'élu a été considérable, dans ces circonstances que, quelques électeurs s'étant présentés sans leurs cartes, le bureau les aurait admis à voter, quoique ne les connaissant pas, mais aurait fait déposer leurs votes dans une urne particulière, aurait ordonné de les mettre en liasse, de ne pas les ouvrir, et de les envoyer au chef-lieu du département, où l'on déciderait si ces bulletins devaient être comptés ou non.

(El. de M. Joly, M. Leroy-Beaulieu, rapp., 5 octob. 1849, *Mon.* du 6, p. 2980.)

62. C'est l'inscription sur la liste, et non la carte donnée par le maire, qui constate le droit électoral. Il semble donc que le défaut de délivrance d'une carte ne devrait pas être un obstacle à l'exercice du droit.

Toutefois il a été décidé que ne doit pas être prise en considération une protestation de quelques électeurs d'une commune qui se plaignent de ce que, s'étant présentés au lieu du vote sans avoir pris une carte d'électeur dans leurs communes, ils n'ont pas été admis, surtout si l'élection a eu lieu à une grande majorité.

(El. de M. Laissac, M. Pascal Duprat, rapp., 4 octob. 1848, *Mon.* du 5, p. 2708.)

63. L'entrée d'un collége électoral peut être interdite à des électeurs appartenant à des sections autres que celles où ils sont appelés à voter.

(El. de la Seine, M. Salmon, rapp., 21 mars 1850, *Mon.* du 22, p. 955, 956.)

64. Il ne résulte aucune nullité de ce que le sous-préfet, non-électeur dans la localité, soit venu dans une section et se soit assis derrière le bureau, surtout si, sa présence ayant excité du trouble dans la salle, il s'est retiré, sur l'invitation du président.

(El. de l'Aude, M. Larabit, rapp., 2 juin 1849, *Mon.* du 3, p. 1969.)

65. Les bureaux électoraux ne sont pas juges des droits des citoyens qui se prétendraient électeurs, quoique n'ayant pas été portés sur la liste électorale ; ils ne doivent donc pas admettre à voter ceux dont les noms ne se trouveraient pas sur la liste qu'ils ont sous les yeux au moment du scrutin.

66. Une élection n'est pas nulle par cela que deux électeurs qui se sont présentés n'ont pas été admis à voter, quoique munis de cartes, parce qu'ils n'étaient pas inscrits sur la liste électorale, quoiqu'ils eussent reçu du préfet et du maire de leur commune respective l'assurance qu'ils étaient inscrits.

(El. de la Corrèze, M. Arène, rapp. 29 mai 1849, *Mon.* du 30, p. 1928.)

67. Toutefois, lorsqu'un certain nombre de citoyens non inscrits sur la liste électorale, attribuant à leur ignorance de la loi l'absence de réclamations pour se faire inscrire, et ayant insisté pour voter, le bureau électoral, afin d'éviter des troubles, les a admis à voter en exigeant que l'identité et la qualité de chacun fussent attestées par un électeur inscrit de la commune, cette irrégularité ne vicie pas l'élection, si le nombre des électeurs ainsi admis ne pouvait pas déplacer la majorité.

(El. de Vaucluse, M. Loyer, rapp., 2 juin 1849, *Mon.* du 3, p. 1972.)

68. Décidé, de même, que l'infraction à la loi, résultant de ce que vingt-quatre électeurs non inscrits ont été, malgré la protestation du président du bureau, admis par les autres membres du bureau à prendre part au vote, n'est pas

de nature à vicier l'élection, si le vote de ces électeurs ne suffit pas pour changer la majorité, bien que cette majorité ne soit pas considérable.

(El. de la Loire, M. de Melun, rapp., 15 juin 1849, *Mon.* du 16, p. 2083.)

69. Il ne résulte pas nullité de ce qu'un électeur aurait déposé son vote à un bureau où il n'était pas inscrit.

(El. de la Guyane, M. de Kerdrel, rapp., 16 octob. 1849, *Mon.* du 17, p. 3169.)

70. Des irrégularités d'où il est résulté pour un grand nombre d'électeurs, dans plusieurs sections, un empêchement à ce qu'ils prissent part au vote, n'entraînent cependant pas la nullité de l'élection, si, en supposant que le candidat non élu eût réuni les suffrages de tous les électeurs qui n'ont pu voter, il existerait encore une grande majorité pour le candidat élu.

(El. de M. Lagarde, M. Postel, rapp., 25 octobre 1849, *Mon.* du 26, p. 3353.)

71. Les décisions qui précèdent sont relatives à des cas où des électeurs auraient été individuellement admis ou repoussés. Il peut arriver que des communes entières soient empêchées ou s'abstiennent de voter.

72. De ce que les électeurs de toute une commune ne se sont pas présentés, il ne s'ensuit pas que l'élection doive être annulée, leur négligence ne pouvant retomber sur aucun des candidats.

(El. de M. Rivet, M. Desclais, rapp., 3 octob. 1848, *Mon.* du 4, p. 2697.)

73. Le défaut de vote dans deux communes n'est pas une cause d'annulation de l'élection si, en supposant que tous les électeurs de ces communes eussent voté pour d'autres que les candidats élus, ceux-ci se trouveraient encore avoir une grande majorité.

(El. de la Guadeloupe, M. Dupont (de Bussac), rapp., 20 octobre 1848, *Mon.* du 21, p. 2916.)

74. Il ne résulte pas nullité de ce que le maire d'une commune ne s'est pas présenté au chef-lieu de canton et n'a pas envoyé la liste électorale de sa commune, dont aucun électeur n'est venu prendre part au vote; en attribuant au candidat non élu tous les suffrages des électeurs

de cette commune, le candidat non élu a encore une forte majorité.

(El. de M. Antoine Bonaparte , M. Godelle, rapp., 29 octob. 1849, *Mon.* du 30, p. 3416.)

75. Lorsque tous les électeurs d'une commune, qui ont voulu prendre part à l'élection, ont été écartés du scrutin par le motif que le président du collége n'avait pas reçu la liste officielle des électeurs de cette commune, l'élection n'est pas nulle si elle a été faite à une telle majorité que le vote même de tous les électeurs non admis à voter, en le supposant contraire à l'élu, n'aurait pu changer cette majorité.

(El. de M. Favand, M. Grimault, rapp., 28 janvier 1850, *Mon.* du 29, p. 322.)

§ 5. *De la forme des bulletins apportés au scrutin.*

76. Le vote étant essentiellement secret, le bureau, au moment où un électeur lui apporte son bulletin, ne peut s'occuper que de la condition matérielle du papier, et des formes légales suivant lesquelles le bulletin doit avoir été préparé et porté. Ce n'est qu'au dépouillement du scrutin que le bureau peut apprécier si la rédaction du bulletin est ou non conforme à la loi.

Sous le rapport des conditions préalables et de la forme des bulletins, la loi prescrit d'abord qu'ils aient été préparés en dehors de l'assemblée, art. 47.

77. Toutefois, il a été décidé qu'il n'y a pas lieu de s'arrêter à cette circonstance, que des électeurs étant venus, sans avoir, comme le prescrivaient les instructions pour les élections de 1848, des bulletins écrits, le maire leur aurait remis, dans la salle même, les bulletins sur lesquels ils auraient écrit leurs votes.

(El. d'Ille-et-Vilaine, M. Lagarde, rapp., 4 mai 1848, *Mon.* du 5, p. 947.)

78. Les bulletins de vote peuvent être écrits dans l'assemblée électorale, si le secret des votes est respecté, et qu'il n'y ait aucune réclamation.

(El. de Vaucluse, M. Loyer, rapp., 2 juin 1849 , *Mon.* du 3, p. 1972.)

79. Il n'y a pas lieu de s'arrêter à une protestation d'un petit nombre de citoyens alléguant que, dans une section, des bulletins imprimés étaient déposés sur le bureau du vote, et ainsi offerts aux électeurs, et que la boîte du scrutin, au lieu d'être fermée à deux serrures, ne l'était qu'à une seule.

(El. du Nord, M. Dariste, rapp., 30 mai 1849, *Mon.* du 31, p. 1939.)

80. La loi n'ordonnant pas que les bulletins soient manuscrits, les bulletins imprimés ne vicient pas une élection.

(El. du Calvados, M. Blavoyer, rapp., 4 mai 1848, *Mon.* du 5, p. 948.)

81. Il n'y a donc pas lieu de s'arrêter à une protestation alléguant qu'un certain nombre d'électeurs d'une section n'auraient point été admis à voter, parce que leurs bulletins étaient imprimés, si ce fait n'est point mentionné par le procès-verbal, et s'il ne pouvait avoir aucune influence sur le résultat final de l'élection.

(El. des Vosges, M. Manescau, rapp., 25 juillet 1849, *Mon.* du 26, p. 2472.)

82. D'un autre côté, des bulletins ne peuvent être contestés par cela seul qu'ils sont manuscrits, sous prétexte qu'on pourrait reconnaître les écritures, la loi n'obligeant pas à déposer des bulletins imprimés.

(El. de l'Aude, M. Larabit, rapp., 2 juin 1849, *Mon.* du 3, p. 1969.)

83. La loi ne pouvait prescrire ni la mesure ni le plus ou moins d'épaisseur du papier des bulletins ; elle se borne à exiger, dans l'intérêt du secret des votes, que le papier soit blanc et qu'il ne porte aucun signe extérieur.

Il n'y a pas lieu de s'arrêter à ces circonstances que le papier de plusieurs bulletins était mince et transparent, et le nom des candidats imprimé en gros caractères, de manière à pouvoir être lu facilement au travers du papier, même quand le bulletin était présenté fermé, surtout si aucune réclamation à cet égard ne s'est élevée au moment de l'élection, et lorsque rien ne constate le nombre des bulletins de cette espèce.

(El. de la Martinique, M. Champanhet, rapp., 23 juillet 1849, *Mon.* du 24, p. 2445.)

84. La loi n'ayant pas déterminé la forme des bulletins, on ne saurait les contester en prétendant faire considérer leurs diverses grandeurs comme des signes extérieurs.

(El. de l'Aude, **M. Larabit**, rapp., 2 juin 1849, *Mon.*
du 3, p. 1969.)

85. Des bulletins écornés ne doivent pas être annulés,
s'il n'est pas prouvé qu'ils fussent ainsi altérés dans le but
d'affecter la liberté du vote.

(El. de l'Aude, **M. Larabit**, rapp. 2 juin 1849, *Mon.*
du 3, p. 1969.)

86. De même, ne doivent point être annulés comme
portant des signes extérieurs, mais doivent être comptés,
des bulletins dont les angles se trouvaient coupés, si ces
bulletins désignaient des candidats différents, ce qui ne
permet pas de regarder cette altération ou modification
dans la forme comme indiquant les votes dans un sens
plutôt que dans l'autre.

(El. du Var, **M. Ch. Dupin**, rapp., 2 mai 1850, *Mon.*
du 3, p. 1489.)

87. Le secret des votes n'est pas violé par l'existence,
sur certains bulletins, de signes intérieurs, si, quand les
bulletins sont pliés, il est impossible d'apercevoir ces
signes.

(El. de la Sarthe, **M. Bauchart**, rapp., 31 mai 1849,
Mon. du 1er juin, p. 1954.)

88. L'existence, sur un certain nombre de bulletins,
d'une marque à l'intérieur, est indifférente, surtout si ces
bulletins, à raison de la grande majorité obtenue par le
dernier élu, ne pouvaient exercer aucune influence sur le
résultat de l'élection.

(El. du Pas-de-Calais, **M. Darblay**, rapp., 31 mai 1849,
Mon. du 1er juin, p. 1952.)

89. Il n'y a pas lieu de s'arrêter à des protestations fondées sur ce que la plupart des bulletins sur lesquels figu-
rent les noms de certains candidats portaient l'empreinte
de deux astérisques qui paraissaient plus ou moins en re-
lief à l'extérieur, si, par la manière de plier les bulletins,
il était facile d'empêcher à l'extérieur l'apparence de ces
signes, et si, d'ailleurs, les bulletins donnés aux candidats

d'une opinion différente étaient emprcints d'une vignette saillante qui les rendait aussi remarquables que ceux contre lesquels on a protesté.

(El. de la Sarthe, M. Bauchart, rapp., 31 mai 1849, *Mon.* du 1er juin, p. 1954.)

90. Les bulletins doivent être présentés fermés, et remis, en cet état, au président du bureau. (Art. 48.)

Il ne résulte pas nullité de ce que des bulletins auraient été remis, non au président directement, mais à l'un des scrutateurs qui les aurait remis pliés au président.

(El. de la Loire-Inférieure, M. Charamaule, rapp., 6 mai 1848, *Mon.* du 7, p. 966.)

§ 6. *De la clôture et de la garde des urnes ou boîtes de scrutin.*

91. Le scrutin se fait par le dépôt successif des bulletins dans une urne ou boîte.

92. Il n'y en a qu'une par section.

Toutefois, il n'y a pas lieu de s'arrêter à des protestations alléguant que les bulletins des électeurs de deux communes dont se composait une section, auraient été déposés dans des urnes différentes.

(El. de Lot-et-Garonne, M. Rodat, rapp., 4 juin 1849, *Mon.* du 5, p. 1985.)

93. Pour assurer le secret des votes et la conservation de tous les bulletins déposés, l'urne doit être fermée avant le commencement du vote, et rester fermée pendant toute la durée du scrutin.

Il y a infraction à la loi, mais non cause de nullité de l'élection, dans le fait d'un président de collége qui a ouvert, pendant le dépôt des votes, la boîte du scrutin pour en retirer des cartes d'électeurs qui y avaient été introduites.

(El. de M. Demante, M. Germain Sarrut, rapp., Assemblée nationale, 12 juin 1848, *Mon.* du 13, p. 1347.)

94. Il n'y a pas lieu de s'arrêter à des protestations alléguant que, dans plusieurs communes, les votes auraient été recueillis non dans des urnes ou boîtes fer-

mées, mais dans des boîtes ou vases ouverts, et qui auraient été fermés, seulement après le vote, avec des feuilles de papier, si les procès-verbaux constatent authentiquement l'accomplissement régulier des formalités légales et l'absence de toute réclamation jusqu'à la clôture des opérations.

(El. de Lot-et-Garonne, M. Rodat, rapp., 4 juin 1849, *Mon.* du 5, p. 1985.)

95. La loi a poussé la précaution jusqu'à ordonner que, préalablement, la boîte soit fermée à deux serrures, et que les clefs soient remises à deux personnes différentes. (Art. 48.)

L'irrégularité résultant de ce que, dans les sections d'un canton, une des clefs de la boîte du scrutin ouvrait les deux serrures, est sans importance, surtout s'il est établi que les scellés ont été trouvés intacts sur les boîtes et sur la porte d'entrée de la salle où elles étaient déposées.

(El. de la Martinique, M. Champanhet, rapp., 23 juillet 1849, *Mon.* du 24, p. 2445.)

96. Lorsqu'une protestation allègue, et qu'il est reconnu que les bulletins ont été déposés dans la boîte entr'ouverte au lieu de l'être par l'ouverture pratiquée dans le couvercle, et assure que des électeurs avaient cru, à raison de ce fait, devoir s'abstenir de voter, il y a lieu, s'il s'agit de l'élection d'un candidat qui n'a eu qu'une très-faible majorité, de rechercher, avant de statuer sur la protestation, le nombre des électeurs inscrits, afin de savoir le chiffre de ceux qui n'ont pas voté, et d'apprécier ainsi quel a pu être le degré d'influence des abus signalés.

(El. du Loiret, M. Chadenet, rapp., 29 mai 1849, *Mon.* du 30, p. 1931.)

97. L'allégation d'une protestation portant que, dans une section, l'urne du scrutin, au lieu d'être fermée à deux serrures, était entr'ouverte et à deux compartiments, de manière à introduire des billets par l'ouverture et d'autres par le trou placé au-dessus de la boîte, doit être écartée si elle ne se trouve pas indiquée dans une première protestation signée par des électeurs de la com-

mune même, mais mentionnée dans une protestation ultérieure écrite, dans une autre commune, d'un bon style
et d'une main ferme, et signée par un seul citoyen pouvant à peine écrire son nom, ce qui montre qu'elle n'a
pas été faite spontanément; et si la grande majorité obtenue par les élus ne permet pas de supposer qu'on ait eu
besoin de recourir à une fraude pour l'obtenir.

(El. de l'Aude, M. Larabit, rapp., 2 juin 1849, *Mon.* du
3, p. 1969.)

98. L'irrégularité résultant de ce que la boîte destinée
à recevoir les bulletins n'a pas été fermée à clef pendant
toute la durée du scrutin, mais que son couvercle a été
entr'ouvert, n'entraîne pas, quelque grave qu'elle soit,
surtout si le président de la section était lui-même candidat, la nullité des opérations, s'il n'est rien allégué qui
fasse soupçonner que le secret du scrutin n'a pas été
gardé, ou que des bulletins aient été substitués à d'autres.

(El. du Loiret, M. Chadenet, rapp., 7 juin 1849,
Mon. du 8, p. 2021.)

99. Il n'y a même pas lieu de s'occuper d'une protestation portant qu'un certain nombre de suffrages auraient
été frauduleusement introduits dans la boîte du scrutin,
si le procès-verbal constate le contrôle entre le dépouillement des feuilles et le nombre des suffrages recensés.

(El. de M. Brives, M. Isambert, rapp , 6 mai 1848.
Mon. du 7, p. 965.)

100. Immédiatement après la fermeture du scrutin, les
boîtes doivent être scellées. (Art. 52.)

L'opération électorale d'un canton doit être annulée
lorsque la boîte renfermant les bulletins a été scellée par
un commissaire délégué par le préfet, puis est restée
entre ses mains pendant plusieurs heures, et n'a été remise qu'ensuite au juge de paix.

(El. de la Corse, M. Bauchart, rapp., 17 mai 1848,
Mon. du 18, p. 1077.)

101. L'illégalité résultant de ce que, après le scrutin, les membres du bureau, sans faire apposer les scellés
sur la boîte contenant les bulletins, ont gardé cette boîte
et ont délibéré pendant plusieurs heures en laissant les

choses en cet état, n'entraîne pas nullité si on n'articule pas qu'aucune fraude ait été commise.

(El. du Sénégal, M. Favreau, rapp., 6 décembre 1849, *Mon.* du 7, p. 3925.)

102. L'irrégularité résultant de ce que, dans un des bureaux, la boîte du scrutin n'aurait pas été scellée et fermée pendant la suspension des opérations, n'est pas une cause de nullité, si, en supposant que le candidat élu n'ait pas obtenu une seule voix dans ce bureau, la majorité lui restait encore acquise par les votes réguliers des autres bureaux.

(El. de M. Ferd. Barrot, M. Victor Lefranc, rapp., 11 juillet 1848, *Mon.* du 12, p. 1616.)

103. Les boîtes, fermées et scellées, doivent être portées à la mairie, et ne peuvent rester en la possession personnelle du président du bureau.

Toutefois, il n'y a pas lieu de s'arrêter à une lettre écrite par des électeurs plusieurs jours après l'élection, et prétendant que l'urne du scrutin aurait été enlevée de la salle par le juge de paix, président, si le procès-verbal ne constate rien de pareil, qu'aucune protestation n'ait eu lieu, et que les procès-verbaux, loin de mentionner aucune infraction, constatent que tout s'est passé régulièrement dans le canton dont il s'agit.

(El. de M. Chambolle, M. Dupont (de Bussac), rapp., 26 septemb. 1848, *Mon.* du 27, p. 2604.)

104. Les listes électorales qui ont servi à pointer le premier jour le nom des électeurs, doivent être déposées à la mairie avec l'urne pendant la nuit, et ne doivent être emportées ni par les présidents de section, ni par aucun autre électeur.

(El. de Paris, M. B. Delessert, rapp., 7 mai 1850, *Mon.* du 8, p. 1558.)

105. Non-seulement, pendant la nuit qui sépare les deux jours de scrutin, les boîtes doivent être portées à la mairie, dans une salle dont les ouvertures doivent aussi être scellées, mais elles y restent sous la garde d'un poste de garde nationale.

106. Il y a irrégularité, mais non nullité, lorsque les opérations électorales ayant duré deux jours, le président du

collége, après avoir scellé la boîte renfermant les bulletins, aurait fermé les portes de la mairie, et en aurait emporté les clefs, sans faire garder la boîte par des sentinelles.

(El. de la Charente, M. Stourm, rapp., 4 mai 1848, *Mon.* du 5, p. 948.)

107. L'allégation que, dans une section, la surveillance du scrutin durant la nuit n'aurait été confiée qu'au garde champêtre et non à un poste de garde nationale, est sans valeur si elle est contraire aux mentions du procès-verbal, et expliquée par des versions contradictoires dans les protestations qui les signalent.

(El. des Basses-Alpes, M. Lequien, rapp., 7 juin 1845. *Mon.* du 8, p. 2019.)

108. L'irrégularité résultant de ce que, dans une section, il n'y a pas eu de poste de garde nationale préposé à la garde de la boîte contenant le scrutin, n'annule pas l'élection du département, si, à raison de la majorité obtenue par l'élu, cette illégalité ne pouvait avoir aucune influence sur le résultat du scrutin, si, d'ailleurs, il n'est pas allégué qu'aucune fraude ait été commise.

Le président de la section, qui n'a pas requis la garde nationale pour garder la boîte du scrutin, doit être blâmé par l'Assemblée, quels que soient les motifs qui l'aient empêché de compter sur le concours de la garde nationale, et bien qu'il ait pris toutes les précautions nécessaires pour que la boîte fût à l'abri de toute fraude.

(El. de M. Joly, M. Leroi-Beaulieu, rapp., 5 octob. 1849, *Mon.* du 6, p. 2980.)

La première proposition a été consacrée aussi par l'admission de M. Lagarde, M. Postel, rapp., 25 octob. 1849, *Mon.* du 26, p. 3353.

109. Il n'y a pas lieu de s'arrêter à une protestation alléguant que, dans une commune, la garde commise pendant la nuit à la surveillance des bulletins n'aurait pas fait un service assidu, et s'est absentée à une certaine heure dans la matinée, si on n'indique aucun bris de scellés ni aucune altération de votes, et si, d'ailleurs, en supprimant tous les votes de cette commune, la majorité reste encore acquise à l'élu contesté.

(El. de M. Valette (Jura), M. Maissiat, rapp., 17 juillet 1849, *Mon.* du 18, p. 2375.)

110. L'Assemblée nationale a refusé d'annuler des élections dans des cas où les précautions de la loi n'avaient pas été observées, mais où aucun fait de violation du scrutin n'avait eu lieu, et où l'irrégularité, toute locale, n'avait pu influer sur l'ensemble des élections départementales.

111. Ainsi elle a décidé que l'irrégularité résultant de ce que, dans un collége, la boîte du scrutin a été fermée mais non scellée, ni confiée à la garde d'un poste de la garde nationale, s'il est constaté que la boîte fermée à clef a été déposée dans une armoire d'une des salles de la mairie, que la clef de la boîte est restée dans les mains du président de la section, si, d'ailleurs, la clef de l'armoire a été déposée dans les mains d'un des scrutateurs, et la clef de l'appartement où se trouvait l'armoire chez le chef de bataillon de la garde nationale ; si, enfin, en supposant que le scrutin ait été violé, la suppression de tous les votes émis dans ce collége n'aurait rien changé à la majorité.

(El. de la Charente-Inférieure, M. Emile Leroux, rapp., 27 septembre 1848, *Mon.* du 28, p. 2619.)

112. De même, les circonstances que, dans une section, la boîte du scrutin n'a pas été fermée à deux serrures, qu'elle a été placée, la nuit, dans un meuble de la chambre à coucher de l'instituteur ; que la clef de la serrure unique a été remise à l'adjoint, qui ne faisait pas partie du bureau, et celle du meuble où la boîte a été enfermée, à un habitant de la commune ; que les scellés n'ont pas été apposés sur les ouvertures de la chambre, et que la surveillance de la garde nationale a été peu active ; ces circonstances, qui indiquent l'inobservation des mesures protectrices ordonnées par la loi, ne suffisent pas, par elles-mêmes, pour faire annuler les élections, si on n'articule, d'ailleurs, nulle violation de l'urne.

(El. du Loiret, M. Chadenet, rapp., 7 juin 1849, *Mon.* du 8, p. 2021.)

§ 7. *De la durée des scrutins.*

113. La loi veut d'abord que le scrutin reste ouvert pendant deux jours (Art. 51). L'inobservation de cette prescription n'entraîne pas nullité des opérations électorales, si elle n'a pu empêcher le vote que d'un nombre relativement peu considérable d'électeurs, et ainsi n'a pas exercé une influence réelle sur l'ensemble des suffrages dans tout le département. Cette considération, tirée du nouveau mode d'élections par département et par sections nombreuses, a dû rendre l'Assemblée nationale moins sévère que ne l'a été, dans beaucoup de circonstances, l'ancienne chambre des députés.

114. Il ne résulte pas de nullité de ce que, dans un canton, le scrutin n'aurait été ouvert que pendant un jour au lieu de deux, si, dans ce canton, le nombre des électeurs n'était pas très-considérable.

(El. de **M.** de **Larcy**, **M. Isambert**, rapp., 5 mai 1848, *Mon.* du 6, p. 958.)

115. La protestation d'un électeur portant que, dans une commune, le scrutin n'aurait été ouvert qu'un jour et fermé le même soir, et qu'il aurait été immédiatement procédé au dépouillement, ne saurait entraîner nullité, si la majorité ne peut en rien être atteinte par le nombre de voix qui manqueraient aux votants de cette commune. Seulement il y a lieu à renvoyer les pièces aux ministres de la justice et de l'intérieur pour vérifier les faits allégués, et agir en conséquence.

(El. du **Finistère**, **M. Baudin**, rapp., 29 mai 1849, *Mon.* du 30, p. 1929.)

(El. de **M.** de **Grammont**, **M.** de **Mortemart**, rapp., 6 août 1849, *Mon.* du 7, p. 2604.)

116. Décidé, de même, qu'une élection ne doit pas être annulée par cela que, dans un canton, les électeurs ont contraint le bureau de faire le dépouillement du scrutin le premier jour de l'élection, si, en retranchant au candidat élu les suffrages obtenus dans la section où cette infraction à la loi a été commise, il lui reste encore une forte majorité.

(El. de la Guyane, M. de Kerdrel, rapp., 16 octobre 1849, *Mon.* du 17, p. 3169.)

117. Il ne résulte pas nullité de ce que, dans une section, le scrutin n'aurait été ouvert qu'un seul jour, si aucun électeur ne s'est présenté pour voter le lendemain, et si, en attribuant au candidat venant après le dernier élu, toutes les voix des électeurs inscrits qui n'ont pas voté dans cette section, la majorité resterait encore aux candidats élus.

(El. des Hautes-Alpes, M. Benoît Champy, rapp., 29 mai 1849, *Mon.* du 30, p. 1928.)

118. L'allégation que, dans plusieurs sections, le scrutin ne serait resté ouvert que le premier jour, ne peut être admise comme moyen de nullité, si elle est contraire aux énonciations des procès-verbaux des opérations des deux jours, si, d'ailleurs, les protestations renfermant cette allégation ne se produisent, les unes que plusieurs jours après l'élection, les autres le jour même de la vérification des pouvoirs, et si on n'allègue même pas qu'aucun électeur se soit présenté le second jour et n'ait pas pu voter.

(El. des Basses-Alpes, M. Lequien, rapp., 7 juin 1849, *Mon.* du 8, p. 2018.)

119. Il a, de même, été décidé qu'une élection ne doit pas être annulée par cela que le président a procédé au dépouillement du scrutin le premier jour lorsque des électeurs en assez grand nombre n'avaient pas encore voté, s'il n'y a pas eu de réclamation, et si l'élection du département a eu lieu à une trop forte majorité pour que l'absence de ces électeurs puisse avoir aucune influence sur le résultat.

(El. du Cher, M. François Marrast, rapp., 21 mars 1850, *Mon.* du 22, p. 955.)

120. Il n'y a pas lieu de s'arrêter à l'irrégularité résultant de ce qu'une section a dépouillé son scrutin le premier jour, si elle l'a tenu ouvert le second, sans que personne se soit présenté et qu'aucun électeur ait protesté, surtout si, en attribuant au candidat venant immédiatement après le dernier élu tous les suffrages non exprimés dans cette section, le résultat de l'élection restait le même.

(El. de l'Yonne, **M. de Kerdrel**, rapp., 5 juin 1849, *Mon.* du 6, p. 1999.)

121. L'irrégularité résultant de ce que, dans une section, le scrutin aurait été clos et les opérations électorales terminées dans la nuit entre le premier et le second jour, n'est pas une cause de nullité si l'élection a été faite à une grande majorité, et si, même en attribuant au candidat venant après le dernier élu tous les votes de cette section, le résultat n'était pas changé.

(El. du Morbihan, **M. Rey**, rapp., 30 mai 1849, *Mon.* du 31, p. 1938.)

122. Non-seulement la loi exige deux jours de scrutin, mais elle fixe la durée de chacun de ces scrutins : celui du premier jour doit durer de huit heures du matin jusqu'à six heures du soir; celui du second jour, depuis huit heures jusqu'à quatre. (Art 51.)

Ces dispositions n'existaient pas dans le décret du 5 mars 1848, et n'avaient été qu'imparfaitement suppléées par les instructions ministérielles. La jurisprudence parlementaire sur la question de l'abréviation de la durée des scrutins a donc moins de certitude, quoiqu'elle parte des mêmes principes, avant que depuis la loi de 1849.

123. Sous l'empire des décrets et instructions postérieurs à la révolution de Février, mais antérieurs à la loi électorale de 1849, il ne résulte pas nullité de ce que, dans plusieurs bureaux, les opérations ont commencé après sept heures du matin et fini avant six heures du soir, surtout s'il n'existe aucune protestation de la part d'aucun électeur qui se plaigne d'avoir été privé de l'exercice de son droit, si un grand nombre d'électeurs du département se sont volontairement abstenus, et si les bureaux, après avoir longtemps attendu, après avoir lu et relu les seuls décrets et instructions dont la communication était ordonnée, et qui ne contenaient pas la prescription relative au minimum de durée du scrutin, ont pu, de bonne foi et loyalement, terminer les opérations avant six heures du soir.

(El. de **M. Molé**, **M. Ducos**, rapp., 28 septembre 1848, *Mon.* du 29, p. 2631.)

124. La circonstance que, dans un canton, le premier

jour de l'élection, le bureau n'a été formé qu'à huit heures et demie du matin, au lieu de sept, et qu'un électeur venu avant ce moment n'a pas pu voter, n'est pas de nature à vicier l'élection si l'appel et le réappel ont été terminés à deux heures et demie, et que le scrutin soit resté ouvert jusqu'à cinq heures ; si, de plus, le lendemain, le scrutin, ouvert à sept heures du matin, n'a été clos qu'à neuf heures et demie du soir, de sorte que les électeurs ont eu le temps nécessaire pour se présenter et pour prendre part au vote.

(El. de la Charente-Inférieure, M. Emile Leroux, rapp. 27 septembre 1848, *Mon.* du 28, p. 2619.)

125. Des protestations déclarant que l'ouverture du scrutin aurait été retardée d'une heure et demie, et que le réappel aurait été fait avec tant de rapidité que les électeurs n'auraient pas pu répondre à leurs noms, ne doivent pas être prises en considération, si elles sont postérieures de plusieurs jours à l'élection, et si les procès-verbaux constatent que les opérations ont été régulières.

(El. de M. Chambolle, M. Dupont (de Bussac), rapp., 26 septembre 1848, *Mon.* du 27, p. 2604.)

126. Décidé encore que, sous l'empire du décret du 8 mars 1848, la fermeture du scrutin avant six heures du soir, même dans un grand nombre de colléges, ne pourrait vicier l'élection, surtout s'il n'est pas constaté qu'aucun électeur se soit présenté pour voter après la clôture du scrutin.

(El. de M. Gent, M. Baraguey d'Hilliers, rapp., 14 octobre 1848, *Mon.* du 15, p. 2849.)

127. Le fait que le scrutin ne serait pas resté ouvert jusqu'à six heures du soir n'entraîne pas nullité, si, en défalquant du vote du canton où cette irrégularité a été commise, les bulletins contestés à l'élu, celui-ci a encore un nombre de voix supérieur à celui qu'avait obtenu le candidat venant après.

(El. de M. de Larcy, M. Isambert, rapp., 5 mai 1848, *Mon.* du 6, p. 958.)

128. Décidé, de même, que la clôture du scrutin, dans un canton, avant l'heure indiquée, ne vicierait pas l'élec-

tion, si, en ajoutant aux électeurs qui ont voté dans ce canton, le chiffre de ceux que la clôture prématurée aurait pu empêcher de voter, et en l'attribuant entièrement au candidat resté en minorité, celui-ci n'aurait pu encore atteindre la majorité acquise à son concurrent.

(El. de M. de Laussat, M. Saint-Romme, rapp., 16 juin 1848, *Mon.* du 17, p. 1397.)

129. Une élection ne doit pas être annulée bien que l'ouverture et la fermeture du scrutin n'aient pas été faites conformément à la loi, si ces irrégularités n'ont eu lieu que dans quelques sections, et si, vu le petit nombre d'électeurs de ces sections, elles n'auraient pu, dans aucun cas, changer la majorité.

(El. de la Charente-Inférieure, M. Emile Leroux, rapp., 27 septembre 1848, *Mon.* du 28, p. 2619.)

130. Décidé de même s'il ne s'agit que de la fermeture du scrutin avant l'heure, et pour un seul jour, dans une seule commune, sans que l'addition de tous les votes de cette commune aux autres candidats puisse changer la majorité de ceux qui ont été élus.

(El. du Tarn, M. Boissel, rapp. 12 décembre 1848, *Mon.* du 13 et du 14, p. 3550 et 3564.)

131. Mais une élection est nulle lorsque, dans six cantons, le scrutin a été fermé avant l'heure légale, surtout si, en ajoutant à ceux qui ont voté dans ces cantons, le nombre de ceux qui n'ont pas voté, on ne peut pas s'assurer que la majorité serait restée la même si tous avaient voté.

(El. de M. Laissac, M. Ferd. de Lasteyrie, rapp., 23 août 1848, *Mon.* du 24, p. 2124.)

132. L'élection doit aussi être annulée si, outre d'autres irrégularités, le scrutin n'a eu, dans un grand nombre de cantons, qu'une durée bien inférieure à la durée légale, si les heures de clôture et d'ouverture du scrutin ne sont pas indiquées dans certains procès-verbaux, et que, dans d'autres, les indications aient été faites avec des surcharges destinées à cacher cette irrégularité, surtout si la comparaison avec les cantons où la loi a été observée, montre que dans ceux-ci le nombre des électeurs a été beaucoup plus considérable, ce qui peut induire à penser que le défaut de forme a influé sur le résultat de l'élection.

(El. de M. Lucien Bonaparte, M. Marquis, rapp., 9 janvier 1849, *Mon.* du 10, p. 74.)

133. Depuis la loi du 15 mars 1849, l'Assemblée nationale a suivi les mêmes principes pour l'appréciation de la validité des opérations électorales, sous le rapport de l'ouverture et de la fermeture des scrutins.

Ainsi elle a décidé qu'il ne résulte pas nullité de ce que, le premier jour de l'élection, les opérations n'ont commencé qu'à quatre heures parce que les maires qui présidaient n'ont pu, avant ce moment, composer les bureaux, si, même en attribuant au candidat non élu toutes les voix des électeurs de ces deux circonscriptions qui n'ont pas voté, l'élu conserve encore une grande majorité.

(El. de M. Antoine Bonaparte, M. Godelle, rapp., 29 octobre 1849, *Mon.* du 30, p. 3416.)

134. La fermeture du scrutin, dans une section, avant l'heure légale, n'entraîne pas nullité si le résultat définitif de l'élection ne peut être infirmé par cette irrégularité. Mais il y a lieu, en admettant les élus, de renvoyer au ministre de la justice pour l'application de la peine contre le président du collége.

(El. de l'Ariége, M. Coquerel, rapp., 29 mai 1849, *Mon.* du 30, p. 1928.)

135. Lorsqu'une protestation allègue le fait, d'ailleurs certain, que, dans une section, le scrutin a été clos le second jour, à onze heures du matin, et soutient que cette irrégularité aurait privé beaucoup d'électeurs de prendre part au vote, il y a lieu, à l'égard d'un candidat qui n'aurait eu qu'un petit nombre de voix de plus que celui qui venait après lui, de rechercher, avant de prononcer sur la protestation, le nombre des électeurs inscrits, afin de connaître le chiffre de ceux qui n'ont pas voté, et d'apprécier ainsi quel a pu être le degré d'influence des abus signalés.

(El. du Loiret, M. Chadenet, rapp., 29 mai 1849, *Mon.* du 30, p. 1930, 1931.)

136. Les opérations d'une section ne doivent pas être

annulées par cela que le scrutin a été clos, le second jour, dès onze heures du matin, si cette clôture prématurée n'a été demandée par le bureau que parce que les électeurs avaient cessé de se présenter, et que, pendant les opérations du dépouillement, qui a duré jusqu'à huit heures du soir, nul n'a réclamé la faculté de voter.

(El. du Loiret, M. Chadenet, rapp., 7 juin 1849, *Mon.* du 8, p. 2021 et 2033.)

Le bureau de l'Assemblée avait demandé l'annulation de l'élection dans laquelle l'élu, dont il s'agissait, n'avait eu que 76 voix de plus que le candidat suivant, et où le nombre des électeurs qui n'avaient pas voté dans la section où le scrutin avait été clos prématurément, était supérieur au chiffre de cette faible majorité.

§ 8. *Du dépouillement du scrutin, du recensement, et de la proclamation du résultat.*

137. La loi prescrit de nombreuses précautions pour assurer la sincérité du dépouillement des scrutins. (Art. 53 et suiv.)

La première opération consiste à extraire les bulletins de l'urne et à les compter. Si le nombre des bulletins se trouve plus grand ou moindre que celui des électeurs qui ont voté, il en est fait mention au procès-verbal.

138. De nombreuses différences constatées entre le nombre des votes émis, d'après l'émargement et le nombre des bulletins trouvés dans l'urne au moment du dépouillement, peuvent devenir une cause d'annulation de l'élection, si elles viennent, d'ailleurs, à l'appui d'allégations relatives à la mauvaise tenue des opérations du scrutin.

(El. de M. Gent; M. Chapot, rapp., 10 août 1848, *Mon.* du 11, p. 1965.)

139. L'élection doit être annulée lorsque, dans six cantons, le nombre de suffrages attribué aux candidats diffère du nombre des bulletins trouvés dans l'urne, sans que les présidents rendent compte de cette erreur, surtout si l'un d'eux avoue qu'un individu de la commune s'est vanté d'avoir mis dix billets dans l'urne, ce qui n'a pas empêché de compter les neuf voix d'excédant.

(El. de M. Laissac, M. Ferd. de Lasteyrie, rapp., 23 août 1848, *Mon.* du 24, p. 2124.)

140. Mais l'irrégularité provenant de ce que, dans une commune, il s'est trouvé dans l'urne plus de votes qu'il n'y avait de votants, ne suffit pas pour faire annuler l'élection, si cette irrégularité provient d'un grand nombre de bulletins doubles que le dépouillement a fait connaître, et que le résultat général du scrutin n'eût pas dû en être altéré d'une manière appréciable.

(El. de la Loire, M. de Melun, rapp., 15 juin 1849, *Mon.* du 16, p. 2083.)

141. Des erreurs de quelques voix entre le nombre des bulletins reçus et le nombre des votants sont indifférentes si le candidat élu l'a été à une grande majorité.

(El. de M. Le Flô, M. Victor Lefranc, rapp., 26 septembre 1848, *Mon.* du 27, p. 2604.)

142. Une protestation fondée sur l'allégation que quatre électeurs inscrits auraient été indiqués sur la liste d'émargement comme ayant pris part au vote, tandis qu'ils se seraient trouvés réellement empêchés de voter, pour cause d'absence ou de maladie, ne peut faire prononcer la nullité de l'élection ; mais elle doit être renvoyée au ministre de la justice, afin qu'il poursuive, s'il y a lieu, contre les délits résultant de cette allégation, si elle était justifiée.

(El. de la Corse, M. Baze, rapp., 29 mai 1849, *Mon.* du 30, p. 1929.

143. Il n'y a pas lieu de s'arrêter à des protestations signées par un grand nombre d'électeurs et portant que, quoiqu'ils eussent déclaré, avant le dépouillement du scrutin, avoir voté pour tel candidat, il ne s'était trouvé dans l'urne qu'un nombre de votes bien inférieur en faveur de ce candidat, si les procès-verbaux ne font pas mention de ce fait ; on ne peut admettre que plusieurs centaines d'électeurs réunis pour signer une protestation n'aient pas eu assez de force et d'influence morales pour faire constater au procès-verbal les irrégularités dont ils se plaignent.

(El. de M. Gent, **M.** Baraguey d'Hilliers, rapp., 14 octobre 1848, *Mon.* du 15, p. 2849.)

144. Pour qu'il soit bien constant que chaque bulletin est bien tel qu'il est lu en sortant de l'urne, il doit être vu au moins par deux personnes. Toutefois, il n'y a pas lieu de s'arrêter à une protestation prétendant que les bulletins n'auraient pas été tous passés à un des scrutateurs, et que plusieurs auraient été mis de côté sans avoir été vus par un scrutateur, lorsqu'il est constaté que, pendant les opérations, il y avait au moins six membres du bureau présents, que, seulement, un des membres scrutateurs s'étant momentanément absenté, il était possible que quelques bulletins n'aient pas été vus par lui.

(El. de **M.** Fargin-Fayolles, **M.** Luneau, rapp., 4 mai 1848, *Mon.* du 5, p. 947.)

145. L'allégation vague que les opérations du dépouillement du scrutin n'auraient pas été surveillées tombe si les procès-verbaux constatent la régularité de toutes les opérations, la possibilité pour tous les électeurs de circuler autour des tables, et ainsi de surveiller le dépouillement, et enfin, l'absence de toutes erreurs et fraudes.

(El. de Vaucluse, **M.** Loyer, rapp., 2 juin 1849, *Mon.* du 3, p. 1972.)

146. Dans les colléges ou sections contenant moins de 300 votants, le bureau peut procéder lui-même au dépouillement ; quand ce nombre est dépassé, le bureau ne peut que surveiller le dépouillement opéré par des scrutateurs supplémentaires. (Art. 53 et 54.)

147. Il semble avoir été admis que des bureaux de sections nombreuses peuvent, au lieu de recourir à l'intervention de scrutateurs supplémentaires pour le dépouillement, opérer eux-mêmes ; l'appel des supplémentaires n'est qu'une faculté accordée pour faciliter l'opération.

(El. des Basses-Alpes, **M.** Lequien, rapp., 7 juin 1849, *Mon.* du 8, p. 2019. — de la Seine, **M.** Salmon, rapp., 21 mars 1850, *Mon.* du 22, p. 956.)

148. Toutefois, le bureau qui a vérifié les pouvoirs de **M.** Michot a émis, par son rapporteur, une opinion contraire. La vérification des bulletins, dans une section, s'était faite sur deux tables ; « huit scrutateurs, dit le rapport, devaient y être appelés : cinq seulement l'ont été ; le président et les membres du bureau, au lieu de surveiller l'opération du dépouillement, y auraient donc concouru. Mais le bureau a remarqué qu'aucune erreur résultant de cette forme illégale de dépouillement n'avait été signalée. »

(El. du Loiret, M. Chadenet, rapp., 7 juin 1847, *Mon.* du 8, p. 2021.)

149. Cette manière d'opérer avait été considérée comme une irrégularité, mais insuffisante pour invalider une élection.

(El. de la Charente, M. Vieillard, rapp., 1er juin 1849, *Mon.* du 2, p. 1962.)

150. Enfin, un rapport d'élections, validées d'ailleurs, pose en principe que, dans les sections où le nombre des électeurs dépasse 300, les présidents ne peuvent faire dépouiller le scrutin par les seuls membres du bureau, en refusant aux électeurs de désigner un certain nombre d'entre eux pour former les tables de dépouillement. Peu importe que le préfet ait donné des instructions en ce sens.

(El. de Paris, M. B. Delessert, rapp., 7 mai 1850, *Mon.* du 8, p. 1557.)

151. Les électeurs doivent être admis à surveiller le dépouillement en circulant autour des tables où il se fait. (Art. 55.) Il n'y a pas lieu à donner suite à une protestation portant que les électeurs de trois sections n'ont pas pu pénétrer tous dans une de ces sections lors du recensement, le local étant trop petit pour contenir tous les électeurs, si le procès-verbal établit qu'une notoriété suffisante a été acquise au dépouillement.

(El. de la Seine-Inférieure, M. Lebeuf, rapp. 31 mai 1849, *Mon.* du 1er juin, p. 1954.)

152. Le dépouillement du scrutin dans chaque canton ou section est suivi d'un recensement général qui se fait au chef-lieu du département, en présence des délégués des bureaux. (Art. 61.)

Une élection doit être validée, alors même que plusieurs localités n'auraient pas envoyé les procès-verbaux de leurs opérations à l'assemblée de recensement à l'époque qui avait été fixée pour le recensement, si, d'ailleurs, ces procès-verbaux, envoyés depuis, ne changent rien à la majorité acquise.

(El. de M. F. Barrot, M. Victor Lefranc, rapp., 11 juillet 1848, *Mon.* du 12, p. 1616.)

153. Décidé, de même, depuis la loi du 15 mars 1849, qu'il ne résulte pas de nullité de ce que le bureau central avait proclamé élu un candidat, en l'absence des procès-verbaux de plusieurs cantons, en se fondant sur ce que l'attribution des votes de ces cantons ne pouvait changer le sort de l'élection, si, d'ailleurs, ces pièces ont été ensuite envoyées au bureau de l'Assemblée, qui a fait le dépouillement et constaté ainsi le résultat définitif.

(El. de l'Hérault, M. Baze, rapp., 17 juillet 1849, *Mon.* du 18, page 2378.)

Cette proposition, qui ne pouvait faire doute, a été très-fréquemment consacrée, notamment dans plusieurs élections validées le 17 juillet 1849, *Mon.* du 18, p. 2375.

154. L'irrégularité résultant de ce que le délégué d'un canton ne s'est pas rendu au bureau central, n'a pas envoyé le procès-verbal de recensement des votes de ce canton, et n'a pas fait connaître les motifs de ce retard, n'annule pas une élection faite à une très-grande majorité.

(El. de M. Lagarde, M. Postel, rapp. 25 octobre 1849, *Mon.* du 26, p. 3353.)

155. Des erreurs commises lors du dépouillement du scrutin, et des omissions faites lors du recensement général n'annulent pas une élection lorsque la majorité a été trop considérable pour qu'elles puissent la déplacer.

(El. de la Charente-Inférieure, M. Emile Leroux, rapp., 27 septembre 1848, *Mon.* du 28, p. 2619.)

156. Décidé, de même, que quelques erreurs de calcul qui n'ont pu changer la majorité ne sauraient invalider une élection.

(El. de la Côte-d'Or, M. Favreau, rapp. 29 mai 1849, *Mon.* du 30, p. 1929.)

157. Le recensement doit constater tous les suffrages donnés; mais il ne saurait résulter nullité de ce que les voix données à des personnes qui ne figuraient pas sur

la liste des candidats n'auraient pas été relevées, si aucune protestation n'a eu lieu, et que ce défaut de forme n'ait pu apporter aucun changement dans le résultat des élections.

(El. des Hautes-Alpes, M. Benoît-Champy, rapp., 29 mai 1849, *Mon.* du 30, p. 1928.)

158. Quand le recensement général est terminé, le président en fait connaître le résultat. (Art. 63.)

Doit être maintenue l'élection d'un candidat qui est mort après la clôture du scrutin, quoique avant la proclamation du résultat, si la distance qui sépare le lieu du domicile du décédé et le lieu où l'élection s'est faite est trop grande pour que les électeurs aient pu connaître le décès.

(El. de M. Lacave-Laplagne, M. d'Havrincourt, rapp., 29 mai 1849, *Mon.* du 30, p. 1930.)

§ 9. *Des bulletins qui doivent ou non être comptés.*

159. Quelques bulletins contestés ne doivent pas être pris en considération dans une élection faite à une grande majorité.

(El. de M. Thiers, M. Milhoux, rapp., et de M. Demante, M. Germain Sarrut, rapp., 12 juin 1848, *Mon.* du 13, p. 1347. — de la Meuse, M. Gavarret, rapp., 30 mai 1849, *Mon.* du 31, p. 1938. — de M. Paul de Kerdrel, M. Paulin Gillon, rapp., 17 juillet 1849, *Mon.* du 18, p. 2376. — de M. Soult de Dalmatie, M. Baze, rapp., *eod.*, p. 2378.)

160. Et même l'existence d'un nombre considérable de bulletins contestés est indifférente si, en annulant tous ceux qui s'appliquent aux candidats élus, l'élection n'en resterait pas moins assurée, à raison du chiffre élevé de la majorité obtenue.

(El. de l'Aude, M. Larabit, rapp., 2 juin 1849, *Mon.* du 3, p. 1969.)

161. La loi nouvelle a dissipé les doutes qui pouvaient exister autrefois sur la valeur des bulletins blancs ; elle les exclut du compte des suffrages exprimés. (Art. 57.)

162. Les bulletins illisibles ne doivent pas, non plus, être comptés pour le calcul des suffrages.

(El. de la Seine, M. Salmon, rapp., 21 mars 1850, *Mon.* du 22, p. 955.)

163. Aux termes de la loi (art. 57), les bulletins contenant une désignation ou qualification inconstitutionnelle n'entrent point en compte ; mais on comprend que l'existence d'un petit nombre de bulletins tendants à donner à un candidat, qui d'ailleurs a obtenu une grande majorité, un titre non reconnu par la loi, ne doit pas être prise en considération dans l'examen de la validité de l'élection.

(El. de M. Louis Bonaparte, M. Emile Leroux, rapp., 27 septembre 1848, *Mon.* du 28, p. 2619.)

164. Il n'y a pas lieu de s'arrêter à une protestation fondée sur ce que des bulletins portant des désignations inconstitutionnelles n'auraient pas été annulés, si cette protestation est isolée et qu'aucun bulletin ne soit joint au dossier.

(El. de Saône-et-Loire, M. de la Rochette, rapp., 31 mai 1849, *Mon.* du 1er juin, p. 1953.)

165. On ne doit pas, non plus, s'arrêter à quelques protestations de détail, à quelques bulletins rayés comme contenant des expressions inconstitutionnelles, si la majorité pour les élus a été considérable.

(El. de la Dordogne, M. Grillon, rapp., 29 mai 1849, *Mon.* du 30, p. 1929, —des Landes, M. Talon, rapp., *eod.*, p. 1930, —de la Loire-Inférieure, M. de la Broise, rapp., *eod.*)

166. Dans une section qui a donné des voix à un prince d'une des anciennes familles royales, le bureau ne doit annuler que les bulletins portant la qualité de duc ou de prince ; mais il doit compter au nombre des suffrages exprimés le bulletin portant seulement les nom et prénoms de cette personne.

Quant à la qualité d'éligible d'un membre d'une ancienne famille royale, ce n'est pas le bureau électoral, mais l'Assemblée, qui peut seule déclarer l'incapacité politique prononcée par la loi.

(El. d'Algérie, M. Frichon, rapp., 7 juin 1849, *Mon.* du 8, p. 2022.)

167. Il n'y a pas lieu de s'occuper des motifs qui ont fait rejeter des bulletins portant le nom d'un candidat, si, en restituant à ce candidat tous les bulletins déclarés nuls, leur nombre n'atteint pas la majorité.

Ainsi décidé, à l'occasion de votes donnés au prince de Joinville, et dont une partie avaient été annulés.

(El. de la Haute-Marne, M. Taschereau, rapp., 29 mai 1849, *Mon.* du 30, p. 1931.)

168. Il n'y a pas lieu de s'arrêter au reproche adressé au président d'une section de n'avoir pas prononcé le nom d'un candidat porté sur une liste avec des désigna+ tions inconstitutionnelles.

(El. du Loiret, M. Chadenet, rapp., 7 juin 1849, *Mon.* du 8, p. 2021.)

169. Dans un scrutin de liste, ne doivent pas être annulés des suffrages régulièrement exprimés, par cela seul qu'il y aurait sur la même liste des noms accompagnés de qualifications inconstitutionnelles.

(El. du Loiret, M. Chadenet, rapp., 7 juin 1849, *Mon.* du 8, p. 2021.)

170. La loi (art. 57) défend de porter en compte les bulletins dans lesquels les votants se font connaître.

Ainsi doivent être annulés et ne peuvent être attribués à un candidat des bulletins signés par les votants.

(El. des Basses-Alpes, M. Lequien, rapp., 7 juin 1849, *Mon.* du 8, p. 2019.)

171. Mais quelques bulletins signés par les électeurs, quoique violant le secret des votes, ne vicient pas une élection faite à une grande majorité.

(El. de la Martinique, M. Champanhet, rapp., 23 juillet 1849, *Mon.* du 24, p. 2445.)

172. Doit être annulé un bulletin rédigé en vers, et dont l'auteur pouvait ainsi être reconnu.

(El. de l'Aude, M. Larabit, rapp., 2 juin 1849, *Mon.* du 3, p. 1969.)

173. L'art. 47 prohibe tout signe extérieur qui puisse trahir le secret du vote ; les signes intérieurs qui ne se voient qu'au moment de l'ouverture et de la lecture des bulletins ne tombent pas sous cette défense.

Des bulletins ne peuvent être contestés comme contenant des signes intérieurs, par cela seul qu'ils renferment des écritures de noms ou des qualifications de fonctions.

(El. de l'Aude, M. Larabit, rapp., 2 juin 1849, *Mon.* du 3, p. 1969.)

174. Les bulletins de vote ne devraient contenir que l'indication des candidats choisis par chacun des votants. Les qualifications générales, écrites ou imprimées, que les différentes opinions placent souvent en tête des listes pour en donner ou en rappeler aux électeurs le sens politique, peuvent être regrettables, mais ne sauraient devenir ni une cause d'annulation de l'élection, ni un motif de ne pas porter en compte les bulletins accompagnés de ces sortes d'intitulés. Sur ce point, l'Assemblée s'est déjà souvent prononcée.

175. Ne doivent point être annulés, mais restitués par l'Assemblée aux candidats dont ils portent les noms, des bulletins intitulés *bulletins républicains.*

(El. de l'Indre, M. Ch. Dupin, rapp., 29 mai 1849, *Mon.* du 30, p. 1931.)

176. Des bulletins ne peuvent être contestés parce qu'ils portent des en-tête comme ces mots : *candidats,* ou *candidats des amis de l'ordre,* ou *candidats républicains.*

(El. de l'Aude, M. Larabit, rapp., 2 juin 1849, *Mon.* du 3, p. 1969.)

177. La loi ne poursuivant que les signes extérieurs et ne parlant pas de mention intérieure, des bulletins intitulés *liste de conciliation* ne sont pas nuls, surtout si aucune réclamation ne s'est élevée dans les sections, et si, d'ailleurs, on n'a conservé et produit aucun bulletin portant cette mention.

(El. de Vaucluse, M. Loyer, rapp., 2 juin 1849, *Mon.* du 3, p. 1972.)

178. Des bulletins portant en tête ces mots imprimés : *Honneur et patrie. Candidats bonapartistes du comité de...* ne doivent pas être annulés, ne contenant rien d'inconstitutionnel.

En exposant cette opinion, le rapporteur du bureau fut chargé d'exprimer le vœu que de pareils intitulés ne fussent plus mis avec les noms des candidats, les lettres qui les composent pouvant quelquefois se lire à travers le papier, de manière à éluder la prohibition des signes extérieurs.

(El. de l'Yonne, M. de Kerdrel, rapp., 5 juin 1849, *Mon.* du 6, p. 1999.)

179. Des bulletins portant en imprimé, au-dessus du nom des personnes, des désignations diverses, telles que *candidat de l'ordre, candidat modéré, candidat démocrate adopté par le congrès de...,* ne peuvent être considérés comme contenant des désignations inconstitutionnelles : ils doivent donc être comptés dans le calcul des suffrages.

(El. du Var, M. Ch. Dupin, rapp., 2 mai 1850, *Mon.* du 3, p. 1483.)

180. Les bulletins nuls ou contestés doivent être annexés au procès-verbal (Art. 57), afin qu'ils puissent passer à l'examen et à la décision du bureau de recensement, et, s'il y a lieu, de l'Assemblée nationale.

181. Il n'y a pas lieu de s'arrêter à ce que le procès-verbal du recensement général énoncerait l'annexe d'un certain nombre de bulletins d'un canton, tandis qu'il ne s'en est trouvé qu'un nombre moindre, et qu'un bulletin qui devait être joint au procès-verbal d'un canton manquait aussi, si l'erreur sur le nombre des bulletins annexés ne provient que du bureau central, tandis que le procès-verbal des opérations du canton constate un chiffre d'annexes égal à celui des bulletins réellement existants, et que l'erreur soit d'ailleurs expliquée par d'autres faits constatés, si, d'un autre côté, il est suppléé, par les énonciations du procès-verbal, à l'absence du bulletin manquant et qui n'appartenait pas au candidat qui veut s'en prévaloir.

(El. des Basses-Alpes, M. Lequien, rapp., 7 juin 1849, *Mon.* du 8, p. 2019.)

§ 10. *Des attributions de bulletins.*

182. Il n'y a pas lieu de s'arrêter à des contestations sur l'attribution de certains bulletins, s'ils sont sans importance numérique eu égard à la quantité des suffrages obtenus par les élus.

(El. de la Haute-Garonne, M. David , rapp., 5 mai 1848, *Mon.* du 6, p. 958.)

183. Une élection n'est pas nulle parce qu'un grand nombre de bulletins portant le nom d'un candidat ne lui ont pas été attribués, si, en ajoutant ces votes à ceux qui lui ont été comptés, le chiffre total n'atteint pas la majorité obtenue par le dernier élu.

(El. de la Haute-Marne, M. Taschereau, rapp., 29 mai 1849, *Mon.* du 30, p. 1931.)

184. L'insuffisance de la désignation de certains noms est indifférente si elle ne peut avoir aucune influence sur le résultat général de l'élection.

(El. de la Haute-Saône, M. Noël, rapp., 31 mai 1849, *Mon.* du 1er juin, p. 1953.)

185. La loi ne veut pas que l'on compte, ni, par conséquent, que l'on attribue à aucun candidat, les bulletins qui ne contiennent pas une désignation suffisante (Art. 57). Il s'agit de savoir quand un candidat est suffisamment désigné. Cette nature de question s'est très-fréquemment présentée dans la jurisprudence parlementaire.

186. En matière d'attribution de votes, le principe est que, par le fait de son vote, tout électeur annonce avoir eu l'intention d'exercer utilement ses droits; qu'il prouve cette intention en relatant le nom d'un candidat notoirement connu pour tel; que c'est à ce candidat qu'il faut attribuer des votes qui contiennent une erreur ou un manque de désignation qui permettrait de les appliquer à un citoyen du même nom, quand, d'ailleurs, des faits viennent expliquer l'erreur.

(El. des Basses-Alpes, M. Lequien, rapp., 7 jun 1849, *Mon.* du 8, p. 2019.)

187. D'abord, il peut arriver qu'un bulletin ne porte que le nom du candidat, sans autre indication, ou que le nom soit accompagné d'autres indications, ou qu'il ne soit pas écrit d'une manière exacte.

188. Doivent être attribués à un candidat les bulletins qui ne portent que son nom sans aucune autre désignation, s'il était le seul candidat de ce nom dans le département.

(El. des Bases-Alpes ; ainsi décidé pour M. Château-

neuf et pour **M.** Fortoul, entre lesquels l'élection était dis-
putée. **M.** Lequien, rapp., 7 juin 1849, *Mon.* du 8,
p. 2019. Pour **M.** Valette, él. du Jura, 17 juillet 1849,
Mon. du 18, p. 2375.)

189. Des bulletins portant, avec le nom d'un candidat,
la désignation de sa ville d'origine, doivent être attribués
à ce candidat, alors même qu'il y a dans la même ville
d'autres membres de la même famille, mais dont aucun
n'est candidat, surtout si un bulletin de cette espèce porte
le prénom du candidat.

(El. de **M.** Fortoul, **M.** Lequien, rapp., 7 juin 1849,
Mon. du 8, p. 2019.)

190. Il n'y a pas lieu d'annuler une élection sous prétexte que l'élu n'avait pas été désigné sous son véritable
nom, mais avec un surnom, s'il est prouvé que son père
portait déjà ce surnom, et qu'il ait lui-même été envoyé,
sous cette appellation, comme commissaire du Gouvernement dans le département qui l'a élu.

(El. de **M.** Guigue de Champvans, **M.** Recurt, rapp.,
5 mai 1848, *Mon.* du 6, p. 958.)

191. Des bulletins ne doivent pas être annulés par cela
seul qu'ils mettent la particule *de* devant les noms de deux
candidats.

(El. de Vaucluse, **M.** Loyer, rapp., 2 juin 1849, *Mon.*
du 3, p. 1972.

192. D'un autre côté, un bulletin doit être compté à un
candidat, quoique ne contenant pas devant son nom la
particule *de*, qui l'accompagne dans le public.

(El. de Vaucluse, **M.** Loyer, rapp., 2 juin 1849, *Mon.*
du 3, p. 1972.)

193. Doivent être admis par l'Assemblée des bulletins
contenant des fautes d'impression qui n'empêchent point
de reconnaître la personne qu'ils désignent. Tels sont, à
l'égard de **M.** Ledru-Rollin, des bulletins portant Ledru-
Ronin ou Dru-Rollin.

(El. de l'Indre, **M.** Ch. Dupin, rapp., 29 mai 1849, *Mon.*
du 30, p. 1931.

194. Décidé, de même, que des altérations dans le nom
d'un candidat, pourvu que ce nom soit bien reconnaissa-
ble, doivent être attribuées à ce candidat, surtout si des cir-

constances particulières ou locales confirment cette attribution.

Tels seraient, pour l'attribution à M. Hippolyte Fortoul, les bulletins portant *Fortail, Fortant Hippolyte,
Forsoul, Forte, Forton, Fortoil.*

(El. des Basses-Alpes, M. Lequien, rapp., 7 juin 1849,
Mon. du 8, p. 2019.)

195. L'erreur sur le prénom donné à un candidat n'empêche pas l'attribution à ce candidat des bulletins contenant cette erreur, quand les circonstances permettent de
lever le doute ou empêchent qu'il existe.

196. L'erreur sur le prénom d'un candidat n'empêche
pas de lui attribuer un bulletin qui la contient, si le nom
est accompagné d'une qualité (telle que celle de représentant) qui n'appartient qu'à lui dans le département, et si
d'ailleurs on produit une lettre, antérieure à l'élection,
dans laquelle le même prénom erroné était donné au candidat par un de ses amis.

(El. de M. Fortoul, M. Lequien, rapp., 7 juin 1849,
Mon. du 8, p. 2019.)

197. Des bulletins contenant une erreur sur le prénom
d'un candidat doivent néanmoins lui être attribués s'il
n'existe pas d'autres personnes à qui ils puissent s'appliquer, surtout si l'erreur peut s'expliquer par cette circonstance que le prénom dont il s'agit appartenait au candidat immédiatement antérieur sur la liste.

(El. de M. Fortoul, M. Lequien, rapp., 7 juin 1849,
Mon. du 8, p. 2020.)

198. On ne doit point attribuer à un candidat des bulletins portant le prénom, ni d'autres portant la qualification de son frère, si ce frère a été candidat aux élections
faites un an auparavant, et n'a pas réitéré la déclaration
faite par lui pour une élection ultérieure, qu'il ne se présentait pas et que tous les bulletins portant le nom de la
famille devraient profiter à son frère.

(El. de M. Fortoul, M. Lequien, rapp., 7 juin 1849,
Mon. du 8, p. 2020.)

199. L'erreur commise à la fois et dans le prénom et
dans la qualification d'un candidat n'empêche pas de lui
attribuer un bulletin ainsi erroné, s'il existe une autre

personne du même nom, mais n'ayant pas, non plus, la qualification indiquée, et ne se présentant pas comme candidat, et si, d'ailleurs, l'erreur de prénom s'explique par des faits précis et naturels.

(El. de M. Fortoul, M. Lequien, rapp., 7 juin 1849, *Mon.* du 8, p. 2019.)

200. La différence entre les prénoms donnés à un candidat par son acte de naissance et celui que lui attribuent les bulletins de vote, est indifférente, s'il est de notoriété publique que la personne dont il s'agit a toujours été connue sous ce dernier prénom, et qu'elle est bien le candidat qui a obtenu la majorité.

Ainsi décidé pour M. Sue, connu sous le prénom d'Eugène, tandis que son acte de naissance lui donne les prénoms de Marie-Joseph.

(El. de Paris, M. B. Delessert, rapp., 7 mai 1850. *Mon.* du 8, p. 1558.)

201. Une fausse qualité donnée à un candidat empêche ou n'empêche pas l'attribution, selon les circonstances.

202. Une élection doit être annulée quand elle a été faite au profit d'un candidat qui a réuni la majorité au moyen de suffrages tous attribués à lui, quoiqu'il y eût deux personnes du même nom parmi les candidats, que l'un des deux fût ouvrier, que l'autre ait été considéré et même qualifié par lui-même ouvrier sans l'être véritablement, et que d'autres bulletins ne portassent que le nom sans autre désignation. Il doit en être ainsi surtout s'il y a de nombreuses protestations de la part d'électeurs déclarant qu'ils avaient eu l'intention de choisir un véritable ouvrier.

(El. de M. Schmit, M. Guerrin, rapp., 6 mai 1848, *Mon.* du 7, p. 968.)

203. On ne doit pas attribuer à un candidat un bulletin portant une qualification erronée, si, dans le département, il y a plusieurs personnes qui ont la profession indiquée, et à qui le suffrage pourrait littéralement s'appliquer.

(El. de M. Fortoul, M. Lequien, rapp., 7 juin 1849, *Mon.* du 8, p. 2020 et suiv.)

204. Une qualité donnée à un candidat à qui elle n'ap-

partient pas, n'empêche pas de lui attribuer le bulletin qui la porte, si elle ne s'applique, non plus, à aucune autre personne ayant le même nom, surtout si cette qualification peut s'expliquer par des circonstances particulières et locales.

Ainsi décidé pour la qualification d'*ancien médecin*, donnée à tort à M. Fortoul, doyen d'une faculté.

(El. de M. Fortoul, M. Lequien, rapp., 7 juin 1849, *Mon.* du 8, p. 2019.)

205. Un bulletin qui ajoute au nom d'un candidat le titre de représentant, bien qu'il n'ait pas cette qualité, n'en doit pas moins être attribué au candidat dénommé.

(El. des Basses-Alpes, M. Lequien, rapp., 7 juin 1849, *Mon.* du 8, p. 2019.)

206. Une qualification erronée donnée à un candidat n'empêche pas de lui attribuer le bulletin qui la contient, surtout si cette qualification appartenait à un autre candidat dont le nom, qui se trouvait auparavant sur le bulletin et en avait été effacé par l'électeur, avait réellement la qualité indiquée; dans ce cas, c'est évidemment que la qualification n'avait pas été effacée en même temps que le nom primitivement écrit.

(El. de M. Fortoul, M. Lequien, rapp., 7 juin 1849, *Mon.* du 8, p. 2019.)

207. L'erreur dans la qualification d'un candidat est suffisamment rectifiée par la mention exacte de son prénom.

(El. de M. Fortoul, M. Lequien, rapp., 7 juin 1849, *Mon.* du 8, p. 2020.)

208. Lorsque le nombre des suffrages exprimés dépasse celui des électeurs inscrits, sans qu'il soit, d'ailleurs, possible de constater, d'une manière complète, la cause de cette irrégularité, due, en partie, à l'existence de bulletins déposés doubles, il y a lieu, dans le doute sur la question, de savoir à qui l'excédant de suffrages devrait profiter ou nuire, de ne les compter ni retrancher à personne, et laisser les choses en l'état.

(El. du Haut-Rhin, M. Vernhette, rapp., 5 avril 1850, *Mon.* du 6, p. 1110.)

§ 11. *Des procès-verbaux et des protestations.*

209. Il est dressé procès-verbal des opérations de chaque collége ou section ; un double en est envoyé au chef-lieu de département pour le recensement général. Puis tous les procès-verbaux sont envoyés à l'Assemblée nationale pour la vérification des pouvoirs des candidats élus. (Art. 61 et 67.)

210. Les procès-verbaux font foi des faits qu'ils constatent ; les allégations, les dires, les protestations ou écrits qui leur sont contraires ne doivent, en général, pas être pris en considération. Ce principe est consacré par un très-grand nombre de solutions de l'Assemblée, ainsi qu'on a pu le remarquer déjà par celles qui sont recueillies ici.

211. Des allégations apportées par des représentants dans le bureau de l'Assemblée, relativement à une élection, ne peuvent être prises en considération si elles sont infirmées par la teneur même des procès-verbaux.

(El. de l'Ardèche, M. de Lagrange, rapp., 25 mars 1850, *Mon.* du 26, p. 1004.)

212. Le silence du procès-verbal ne suffit pas pour faire refuser toute recherche sur un fait qui serait allégué comme s'étant passé dans une assemblée électorale.

Ainsi le bureau de l'Assemblée peut et doit apprécier au fond une protestation que des lettres disent avoir été remise au bureau de recensement général, et avoir été refusée par lui, bien que le procès-verbal ne fasse aucune mention de cet incident.

(El. de l'Ardèche, M. de Lagrange, rapp., 25 mars 1850, *Mon.* du 26, p. 1004.)

213. Des protestations peuvent être présentées, soit au moment même où les faits se passent, soit plus tard, avant l'élection ou après. Les protestations tardives sur des faits qui auraient pu être immédiatement signalés, inspirent naturellement moins de confiance.

La jurisprudence parlementaire a posé, à l'égard des protestations, des règles sages et généralement suivies ;

les unes concernent la forme, les autres le fond des réclamations.

214. 1° *Quant à la forme.* Il n'y a pas lieu de s'arrêter à une protestation qui ne porte la signature d'aucun nom.

(El. de la Marne, M. Sage, rapp., 29 mai 1849, *Mon.* du 30, p. 1931.)

215. Des attaques dirigées contre une élection dans des lettres particulières adressées à un candidat non élu, ne doivent pas être prises en considération.

(El. de M. Clary, M. Lequien, rapp., 26 juillet 1849, *Mon.* du 27, p. 2487.)

216. On ne doit prendre en aucune considération une contre-protestation rectifiant certains faits allégués dans une protestation non annexée au procès-verbal.

(El. de M. Edgar Ney, M. Aubergé, rapp., 12 février 1850, *Mon.* du 13, p. 512.)

217. Il n'y a pas lieu de s'arrêter à une protestation où des phrases entières sont raturées, sans que les ratures soient parafées par les signataires.

(El. de l'Ardèche, M. de Lagrange, rapp., 26 mars 1850, *Mon.* du 27, p. 1014.)

218. 2° *Quant au fond.* Les nombreuses décisions rendues par les assemblées législatives sur ce sujet peuvent se résumer ainsi : Les protestations dirigées contre une élection ne doivent être prises en considération qu'autant qu'elles mentionnent des faits bien précis, vraisemblables, non contredits par le procès-verbal, relatifs à l'élection et aux candidats, et de nature, s'ils étaient prouvés, à influer sur la validité de l'élection. Hors de là, les protestations ne se présentent que comme des récriminations ou comme l'expression du dépit des candidats ou des partis qui ont succombé dans la lutte électorale.

219. Il n'y a pas lieu de s'arrêter à des protestations qui manquent de précision, de preuves et de vraisemblance.

(El. de l'Aude, M. Larabit, rapp., 2 juin 1849, *Mon.* du 3, p. 1969.)

220. De même on ne doit pas s'arrêter à une protestation qui ne signale point de faits particuliers au département dont elle critique les élections, et ne fournit aucune épreuve à l'appui des suppositions générales qui y sont énoncées.

(El. de l'Ain, M. Ladoucette, rapp., 21 juin 1849, *Mon.* du 22, p. 2126.)

221. Il n'y a pas lieu de s'arrêter à une protestation mentionnée au procès-verbal du bureau de recensement général, conçue dans des termes vagues, et ne portant sur aucun fait particulier.

(El. de la Loire, M. de Mortemart, rapp., 21 mars 1850, *Mon.* du 22, p. 955.)

222. On ne doit pas prendre en considération des protestations, même revêtues de nombreuses signatures, si les faits d'irrégularité qu'elles allèguent ne sont pas constatés, et qu'au contraire les procès-verbaux constatent la parfaite régularité des opérations, et ne relatent que des différences insignifiantes entre le nombre des votants et celui des bulletins.

(El. de M. Gent, M. Baraguey-d'Hilliers, rapp., 14 octobre 1848, *Mon.* du 15, p. 2849.)

223. Il n'y a pas lieu pour le bureau de l'Assemblée de s'arrêter à des griefs qui ne sont fondés sur aucune preuve, surtout si aucun des signataires ne s'est plaint que ces griefs le regardaient personnellement.

(El. de la Charente, M. Vieillard, rapp., 1er juin 1849, *Mon.* du 2, p. 1962.)

224. Lorsqu'une protestation ne porte que sur des faits personnels à l'élu et sans influence légale sur la validité de son élection, le bureau qui vérifie ses pouvoirs ne doit ni s'arrêter à cette protestation, ni en rendre compte à l'Assemblée.

(El. de M. Gent, M. Vivien, rapp., 20 juillet 1848, *Mon.* du 21, p. 1710.)

225. Il n'y a pas lieu, de la part de l'Assemblée, à s'occuper d'une protestation dirigée contre des candidats qui n'ont pas été élus.

(El. de la Corse, M. Baze, rapp., 29 mai 1849, *Mon.* du 30, p. 1929.

El. de Maine-et-Loire, M. de Mortemart, rapp., 17 juillet 1849, *Mon.* du 18, p. 2377.)

226. Il n'y a pas lieu de s'arrêter à des protestations portant sur des faits isolés qui, s'ils étaient justifiés, ne seraient de nature ni à changer le résultat général des élections, ni à les invalider.

(El. de l'Hérault, M. Cazalle, rapp., 29 mai 1849, *Mon.* du 30, p. 1930; d'Ille-et-Vilaine, M. Tamisier, rapp., *eod.*)

227. Des protestations alléguant des abus et des irrégularités relatifs à deux sections n'affectent pas l'élection, et n'empêchent pas l'admission de ceux des candidats qui ont obtenu une majorité telle, qu'elle leur resterait même en supposant que tous les électeurs de ces deux sections leur auraient refusé leurs suffrages ; mais il y a lieu de les examiner relativement à un candidat qui n'aurait qu'un petit nombre de voix de majorité.

(El. du Loiret, M. Chadenet, rapp., 7 juin 1849, *Mon.* du 8, p. 2021.)

228. Il y a lieu, pour vérifier les allégations des signataires d'une protestation et les déclarations d'un élu qui y a répondu devant le bureau de l'Assemblée, de renvoyer la protestation au ministre de l'intérieur et à celui de la justice, pour qu'une enquête administrative et judiciaire se fasse et qu'on poursuive soit les signataires de la protestation s'ils ont calomnié, soit les fonctionnaires qui auraient commis les abus qu'elle signalait.

(El. de la Vienne, M. Avond, rapp., 24 janvier 1849, *Mon.* du 25, p. 249.)

§ 12. *Des votes militaires, de l'Algérie, et des colonies.*

229. La loi contient des dispositions spéciales sur le vote des militaires, et sur les élections de l'Algérie et des colonies. (Art. 62, 69 et suiv., 75 à 78.)

230. L'omission d'un petit nombre de votes militaires est indifférente si l'élection a eu lieu à une forte majorité.

(El. de la Haute-Saône, M. Noël, rapp., 31 mai 1849, *Mon.* du 1er juin, p. 1953.)

231. Il en est ainsi même pour le cas où un nombre considérable de militaires n'aurait pas voté.

(El. du Rhône, M. Francisque Bouvet, rapp., 31 mai 1849, *Mon.* du 1ᵉʳ juin, p. 1953.)

232. Une élection n'est pas nulle par cela qu'une protestation allègue qu'une petite portion des électeurs militaires ont voté, s'il n'est pas prouvé que ces électeurs aient été empéchés de voter par un fait volontaire de l'autorité.

(El. des Côtes-du-Nord, M. Sainte-Beuve, rapp., 31 mai 1849, *Mon.* du 1ᵉʳ juin, p. 1949.—El. de l'Aude, M. Larabit, rapp., 2 juin, *Mon.* du 3, p. 1963.)

Il en est ainsi surtout s'il s'agit d'un département pour lequel les votes militaires ont été exprimés en nombre considérable, et où les votes dont les procès-verbaux sont arrivés tardivement sont en trop petite quantité pour pouvoir modifier le résultat définitif du scrutin.

(El. des Hautes-Pyrénées, M. Levet, rapp., 31 mai 1849, *Mon.* du 1ᵉʳ juin, p. 1952.)

233. A plus forte raison, il n'y a pas lieu de s'arrêter à la protestation par laquelle un militaire demande l'annulation des élections d'un département, sous prétexte que lui n'a pas été mis à même de voter.

(El. de l'Aisne, M. Sautayra, rapp., 29 mai 1849, *Mon.* du 30, p. 1927.)

234. Une élection n'est pas nulle parce que des militaires, en petit nombre, ont voté, sur deux candidats, à deux jours différents, si d'ailleurs cette irrégularité ne peut être attribuée à aucune manœuvre tendante à gêner ou égarer les suffrages, et si elle ne peut avoir exercé aucune influence sur la majorité.

(El. de Tarn, M. Boissel, rapp., 12 décemb. 1848, *Mon.* du 13 et du 14, p. 3550 et 3564.)

235. Un candidat ne peut prétendre, pour prouver que c'est à lui que la majorité appartient, que les votes de certaines garnisons n'auraient pas été envoyés, s'il n'indique aucune de ces garnisons, et ne donne cette présomption que comme un fait qui lui aurait été affirmé, sans spécification de lieu.

(El. du Var, M. Ch. Dupin, rapp., 2 mai 1850, *Mon.* du 3, p. 1483.)

236. Des gardes nationaux mobiles peuvent voter dans

la ville où ils se trouvent en garnison, non selon les formes militaires, mais comme simples citoyens.

(El. du Rhône, **M. Lacroisille**, rapp., 5 mai 1848, *Mon.* du 6, p. 957.)

237. De ce que des gardes mobiles n'auraient pas été appelés à voter, il ne s'ensuit pas que l'élection doive être annulée.

(El. de **M. Rivet**, **M. Desclais**, rapp., 3 octob. 1848, *Mon.* du 4, p. 2697.)

238. Il n'y a pas lieu, de la part de l'Assemblée, à s'arrêter à ce que les votes des corps militaires n'ont pas été transmis avec les procès-verbaux, de manière que le relevé pût être vérifié, si, d'une part, il y avait une forte majorité pour le candidat élu, et que, d'une autre part, le procès-verbal du bureau central porte que les votes des militaires avaient été constatés, et que c'était après un examen attentif de tous les votes que le résultat avait été proclamé.

(El. du Gers, **M. Chabert**, rapp., 17 juillet 1849, *Mon.* dn 18, p. 2378.)

239. Le procès-verbal de l'élection des militaires pour un département peut être suppléé par l'envoi au préfet de ce département par celui du département où ces militaires ont voté, des listes, dressées corps par corps, indiquant le nombre de ces militaires.

(El. du Var, **M. Ch. Dupin**, rapp., 2 mai 1850, *Mon.* du 3, p. 1483.)

240. Lorsque, après le dépouillement des votes des cantons, et au moment de procéder au dépouillement des votes de l'armée, la salle a été envahie par une foule qui s'est emparée des votes de l'armée, les a lacérés et détruits, il y a lieu d'admettre ceux des élus qui ont obtenu un nombre de voix que ne saurait affecter l'addition des votes militaires détruits, et d'ajourner, jusqu'à la production des doubles de ces votes, l'admission de ceux des candidats entre lesquels la différence des voix est trop faible pour que les suffrages de l'armée n'aient pas pu influer sur l'élection.

(El. de la Haute-Vienne, **M. Beaumont** (de la Somme), rapp., 5 mai 1848, *Mon.* du 6, p. 957.)

241. Si les doubles ne peuvent se retrouver, mais qu'il soit établi, par lettre du président de la section de récolement, qu'un certain nombre de votes de l'armée avaient déjà été dépouillés , qu'un des deux candidats contestés avait eu la plus grande quantité des voix, et que le dépouillement complet n'aurait pu changer les rangs respectifs des candidats, il n'y a pas lieu à faire voter de nouveau l'armée seule, mais à prononcer l'admission du candidat qui a eu le plus grand nombre de ces suffrages militaires ainsi constatés.

(El. de la Haute-Vienne, **M. Beaumont** (de la Somme), rapp., 22 mai 1848, *Mon.* du 23, p. 1128.)

242. Des élections en Algérie ne sont pas nulles par cela que, le chiffre des électeurs inscrits étant inconnu dans certaines communes, le bureau électoral d'Alger a évalué ce nombre approximativement, pour pouvoir fixer le huitième nécessaire à la validité de l'élection de chaque candidat. Il n'y a pas lieu, dans ce cas, d'ajourner l'admission des élus jusqu'à la production de l'état officiel de tous les électeurs inscrits.

(El. de l'Algérie, **M. Frichon,** rapp., 7 juin 1849, *Mon.* du 8, p. 2021.)

243. L'irrégularité provenant de ce que, dans une colonie, on n'aurait pas rempli les formalités prescrites pour le contrôle de la liste électorale dressée par le maire n'entraîne pas nullité si on n'articule pas qu'aucun électeur ait été privé de son droit.

(El. du Sénégal, **M. Favreau,** rapp., 6 décemb. 1849, *Mon.* du 7, p. 3925.)

§ 13. *De la vérification des pouvoirs, des différentes opérations qui la composent.*

244. Le principe est posé par l'art. 68 de la loi électorale, portant : Les opérations électorales sont vérifiées par l'Assemblée nationale ; elle est seule juge de leur validité. L'application se fait d'après les dispositions du règlement de l'Assemblée et d'après les traditions.

245. La première opération de toute assemblée délibérante est l'examen et la validation des pouvoirs de chacun de ses membres. A cet effet, elle se subdivise en fractions qui examinent les procès-verbaux et les pièces qui les accompagnent, et chargent un de leurs membres de faire un rapport à l'Assemblée, qui prononce.

246. Un bureau qui vérifie les pouvoirs peut nommer dans son sein une commission pour examiner une question soulevée par une des élections soumises à son examen, et demander l'ajournement jusqu'au rapport de cette commission.

(El. de M. Schmit, M. de Grammont, rapp., 4 mai 1848, *Mon.* du 5, p. 950.)

247. Le bureau et l'assemblée doivent non-seulement examiner si les opérations électorales ont été régulières, mais encore si le candidat proclamé était bien celui qui devait l'être, et s'il faut rectifier cette proclamation ou renvoyer devant les électeurs.

248. Lorsque le relevé du bureau de recensement général porte le nombre des suffrages exprimés à un nombre inférieur à celui de la réalité, le bureau de l'assemblée à qui l'erreur a été signalée doit, pour s'assurer que ce n'est qu'une erreur de calcul qui n'infirme en rien le résultat de l'élection, vérifier, procès-verbal par procès-verbal particulier, quel était réellement le nombre des votants.

(El. de Maine-et-Loire, M. de Mortemart, rapp., 17 juillet 1849, *Mon.* du 18, p. 2377.)

249. Lorsqu'il n'existe entre deux candidats, dont un seul a été élu, qu'une différence minime de suffrages (par exemple une voix), le bureau de l'assemblée doit, alors même qu'il n'y a pas de protestation, examiner les bulletins qui ont pu être annulés dans les différentes sections, et s'assurer si, en comptant à l'un et à l'autre candidat les bulletins annulés, la majorité serait restée la même.

(El. de l'Allier, M. Favreau, rapp., 17 juillet 1849, *Mon.* du 18, p. 2376.)

250. Dans le cas où il n'y a qu'une très-faible différence de voix entre deux candidats, et que la question de savoir lequel des deux doit être définitivement reconnu comme élu dépend de l'attribution d'un certain nombre de bul-

letins douteux, c'est le droit et le devoir de l'assemblée de résoudre les difficultés de cette attribution ; elle ne doit point en appeler aux électeurs pour lever le doute.

(El. des Basses-Alpes , M. Lequien, rapp., 7 juin 1849, *Mon.* du 8, p. 2019.)

251. Lorsque l'élection d'un des candidats d'une liste départementale a été annulée pour erreur résultant d'attribution de votes à un citoyen auquel ils ne devaient pas être attribués, il n'y a pas lieu de proclamer représentant le candidat venant après le dernier de la liste, et qui, l'élection viciée se trouvant considérée comme non avenue, aurait pris la place du dernier ; mais il y a lieu de convoquer de nouveau les électeurs pour remplacer le candidat dont l'élection a été annulée.

(El. de M. Schmit, 6 mai 1848, *Mon.* du 7, p. 967. Décidé implicitement dans le même sens, lors de l'élection de M. Fortoul, 9 juin 1849, *Mon.* du 10, p. 2031 et 2032.)

252. Mais si l'élection est annulée, non pour erreur, mais par suite d'irrégularités dans les opérations, le candidat qui avait le plus de suffrages après celui dont l'élection a été annulée doit être proclamé représentant.

(El. de M. Abbatucci, 17 mai 1848, *Mon.* du 18 , p. 1078.)

253. Lorsque, parmi les candidats élus par un département, le dernier par le nombre des voix obtenues se trouvait frappé d'une cause d'inéligibilité, il n'y a pas lieu d'appeler à sa place et de proclamer le candidat immédiatement suivant, mais de procéder à une nouvelle élection.

(El. de M. Germain Sarrut, M. Lherbette, rapp., 2 juin 1849, *Mon.* du 3, p. 1967.)

254. Lorsque le bureau, ou la commission nommée par lui, a terminé son travail, un rapporteur est choisi. Quand celui-ci est prêt, il doit être entendu sans qu'il soit nécessaire que l'annonce de son rapport soit mise à l'ordre du jour.

255. Les vérifications de pouvoirs étant toujours à l'ordre du jour, les rapporteurs prêts doivent être entendus avant tout autre orateur, surtout s'il s'agit d'objets

qui aient de la connexité avec les élections. Ainsi décidé, sur la demande de M. Jules Favre, rapporteur de l'élection de M. Louis-Napoléon Bonaparte, au moment où M. Degousée demandait à faire délibérer sur sa proposition relative à l'abrogation de la loi d'exil de la famille Bonaparte , 13 juin 1848, *Mon.* du 14, p. 1459.)

256. Le rapporteur présente un rapport, soit verbal, soit écrit, dans lequel il doit rendre compte de tout ce que l'assemblée a besoin de connaître pour prononcer sur l'élection.

257. Lorsque des protestations individuelles, relatives à des formalités électorales, ont paru futiles au bureau chargé de la vérification des pouvoirs, le rapporteur peut se dispenser d'en entretenir l'Assemblée.

(El. de MM. Leure et Bourgoin, M. Barailler, rapp., 24 avril 1849, *Mon.* du 25, p. 1528.)

258. De même, lorsque le rapporteur déclare que des protestations ne sont pas de nature à faire invalider l'élection, il n'est pas nécessaire d'en rendre compte à l'Assemblée.

(El. de l'Eure, M. Bixio, rapp., 29 mai 1849, *Mon.* du 30, p. 1929.)

259. De même encore, lorsque des réclamations élevées dans différentes sections n'ont été jugées dignes d'intérêt ni par la section centrale ni par le préfet, le rapporteur peut se borner à déclarer que le bureau, après les avoir examinées avec soin, a également pensé qu'elles ne méritaient aucune attention.

(El. du Gers, M. Chabert, rapp., 17 juillet 1849, *Mon.* du 18, p. 2378.)

260. Lorsque le bureau central d'un département et le bureau de l'Assemblée qui vérifie une élection pensent qu'il n'y a pas lieu de s'arrêter à une protestation, il n'est pas nécessaire qu'il soit donné lecture de cette protestation à l'Assemblée.

(El. de Tarn-et-Garonne , M. Sainte-Beuve , rapp., 10 mai 1848, *Mon.* du 11, p. 1005.)

261. Il n'est pas nécessaire que le rapporteur porte à la connaissance de l'Assemblée une note, qui n'était même pas une protestation sur la nationalité de l'un des élus, et

qui soulevait une question vidée à l'unanimité dans le bureau.

(El. de M. Avril, M. Considerant, rapp., 29 mai 1849, *Mon.* du 30, p. 1930.)

262. Lorsque l'on demande la lecture à l'Assemblée de pièces qui ont été lues dans le bureau et que le rapporteur n'a pas entre les mains, il n'y a pas lieu à ajournement, si les pièces sont remises immédiatement au rapporteur : c'est ce dernier qui doit en donner lecture.

(El. des Côtes-du-Nord, M. Saint-Beuve, rapp., 31 mai 1849, *Mon.* du 1er juin, p. 1949.)

263. Quelquefois il arrive qu'après le rapport, et même en séance générale, une pièce nouvelle est produite : selon son importance, le rapporteur peut ou l'apprécier lui-même et s'en expliquer devant l'Assemblée, ou demander qu'elle soit renvoyée au bureau, qui prendra une nouvelle délibération.

264. Lorsqu'après la clôture des opérations d'un bureau, une réclamation relative à l'un des représentants vérifiés est présentée au rapporteur, c'est devant l'Assemblée que le débat sur ce point doit être porté.

(El. de M. Antony Thouret, M. Dariste, rapp., 30 mai 1849, *Mon.* du 31, p. 1939.)

265. Bien qu'une lettre contenant réclamation contre l'admission d'un élu ne soit pas signée, il suffit qu'elle soit produite par un représentant qui en accepte la responsabilité, pour que la question soulevée doive être vidée au fond par l'Assemblée.

(El. de M. Antony Thouret, M. Dariste, rapp., 30 mai 1849, *Mon.* du 31, p. 1940.)

266. Lorsque la nationalité d'un élu est contestée à la tribune, l'admission de cet élu peut être prononcée immédiatement, d'après ses explications, sans renvoi devant le bureau qui avait examiné son élection, mais n'avait pas été saisi de la question de nationalité.

(El. de M. Antony Thouret, 30 mai 1849, *Mon.* du 31, p. 1940.)

267. Lorsque l'âge d'un élu n'est justifié que par un acte de naissance ou un acte de naturalisation produit par un de ses collègues en séance publique, le rapporteur

a le droit de demander que les pièces lui soient remises, pour être examinées par le bureau, et qu'il soit fait un rapport sur la régularité des titres.

(El. de Saône-et-Loire, 31 mai 1849, *Mon.* du 1er juin, p. 1954.)

268. Lorsque la minorité d'une commission, chargée de vérifier une élection, prétend que le rapport préparé pour l'Assemblée a négligé des faits importants, elle peut remettre une note écrite, dont le rapporteur doit donner lecture, sauf à y répondre par ses observations.

(El. de l'Yonne, M. de Kerdrel, rapp., 5 juin 1849, *Mon.* du 6, p. 2000.)

269. Il doit toujours être fait un rapport et pris une décision sur une élection, quelle que soit la situation ultérieure de l'élu, fût-il même décédé.

270. La démission d'un élu, donnée ou communiquée après le rapport qui conclut à l'annulation de l'élection, n'empêche pas l'Assemblée de voter sur ces conclusions.

(El. de M. Gent, 10 août 1848, *Mon.* du 11, p. 1966.)

271. Il avait été décidé que la démission d'un représentant ne peut être reçue avant la vérification de ses pouvoirs et son admission comme représentant.

(El. de M. Ambert, 29 mai 1849, *Mon.* du 30, page 1927.)

272. L'Assemblée est revenue le lendemain sur cette décision, qui, dans sa généralité, est conforme aux précédents, mais qui, dans le cas particulier, n'était pas conforme à la loi électorale. Par la lecture de la lettre de démission de M. le colonel Ambert et par l'acceptation de cette démission, il a donc été reconnu que la déclaration par laquelle un fonctionnaire élu représentant déclare opter pour son emploi et donne sa démission de représentant élu, doit être lue avant la vérification des pouvoirs.

(El. de M. Ambert, 30 mai 1849, *Mon.* du 31, page 1936.)

273. L'Assemblée doit prononcer sur la validité ou la nullité d'une élection, alors même que le candidat élu aurait déclaré d'avance vouloir renoncer au bénéfice de

son élection. Il en est de ce cas comme de celui de la démission donnée par un élu qui soutient la validité de l'élection.

(El. de M. Bissette, M. Charamaule, rapp., 17 octobre 1848, *Mon.* du 18, p. 2879 et 2881.)

274. Il doit être prononcé sur la validité d'une élection, lors même que l'élu aurait été admis comme nommé par un autre département pour lequel il aurait opté.

(El. de la Corse, M. Bauchard, rapp., 17 mai 1848, *Mon.* du 18, p. 1077, 1078. — El. du général Changarnier, 21 juin 1849, *Mon.* du 22, p. 2126.)

275. En général, et surtout quand il s'agit d'une chambre renouvelée entièrement, qui a besoin de se constituer promptement, il importe de ne pas ajourner, sans des motifs graves, soit le rapport, soit la décision.

276. Lorsqu'un citoyen a été élu, quoique se trouvant en état de faillite, il n'y a pas lieu de retarder le rapport et le vote sur son élection pendant un délai suffisant pour qu'il puisse se faire réhabiliter; l'élection doit être annulée immédiatement.

(El. de M. Germain Sarrut, M. Lherbette, rapp., 2 juin 1849, *Mon.* du 3, p. 1967.)

277. Il n'y a pas lieu d'ajourner la vérification, par l'Assemblée, des pouvoirs de députés élus dans une colonie, par cela seul que des lettres, parties le lendemain du jour de l'élection, annonceraient des protestations dirigées contre cette élection.

(El. de la Martinique, M. Gustave de Beaumont, rapp., 18 juillet 1849, *Mon.* du 19, p. 2388.)

278. Lorsque, avant la constitution définitive de l'Assemblée, il est produit, à l'occasion d'une élection, des protestations de nature à provoquer une enquête, il y a lieu d'ajourner, quant à cette élection, non pas après l'enquête, mais après la constitution de l'Assemblée.

(El. de la Lozère, M. Sarrut, rapp., 5 mai 1848, *Mon.* du 6, p. 956.)

279. Il y a lieu d'ajourner à statuer sur la validité d'une élection venant à la fin de la liste du département, si le nombre des voix attribuées au dernier élu, ou aux deux derniers, n'est pas suffisamment établi, alors même qu'il

n'y aurait aucune protestation mentionnée au procès-verbal, et que la réclamation ne viendrait ultérieurement que d'un candidat qui prétendrait avoir dû être proclamé si le résultat du scrutin avait été exactement vérifié.

(El. du Pas-de-Calais, 4 mai 1848, *Mon.* du 5, p. 949.)

280. Lorsqu'un rapport d'élection contient des détails longs et minutieux, l'Assemblée peut en ajourner la discussion, afin de pouvoir étudier le rapport, non par une impression et une distribution spéciale, mais par l'insertion au *Moniteur*.

(El. de M. Fortoul, 7 juin 1849, *Mon.* du 8, p. 2020; —de M. Miot, *iod.*, p. 2021.—de la Loire, 15 juin, *Mon.* du 16, p. 2084.—du Haut-Rhin, 5 avril 1850, *Mon.* du 6, p. 1111.)

281. Dans ce cas, la parole ne doit pas être accordée après le rapport au candidat contesté ; il ne doit être entendu que le jour auquel l'Assemblée a renvoyé la discussion.

(El. de M. Miot, *Mon.* du 8 juin 1849, p. 2021.)

282. Lorsque la discussion soulevée par le rapport est terminée, les questions résultant soit du rappport, soit des débats, doivent être mises aux voix. Ce point présente des difficultés.

283. Lorsqu'une commission ou un bureau conclut dans son rapport à la validité des élections, ce sont ces conclusions qui doivent être mises aux voix, et non la demande d'annulation présentée par des représentants pendant le débat ou au moment du vote.

(El. de l'Yonne, 6 juin 1849, *Mon.* du 7, p. 2013.)

284. Mais la question d'ajournement a la priorité sur celle d'admission ou d'annulation des élections.

285. Aussi la demande de renvoi au bureau, après rapport et discussion, doit être considérée comme une demande d'ajournement, et, comme telle, mise aux voix avant les conclusions du bureau tendantes à l'admission.

(El. des Côtes-du-Nord, M. Sainte-Beuve, rapp., 31 mai 1849, *Mon.* du 1er juin, p. 1952.)

286. De même, la demande d'un élu tendante à ce qu'il soit sursis à prononcer sur la validité de son élection doit

être mise aux voix avant les conclusions du bureau tendantes à l'annulation immédiate.

(El. de M. Germain Sarrut, 2 juin 1849, *Mon.* du 3, p. 1968.

287. La demande d'ajournement de l'élection de tout un département doit, comme étant plus large , être mise aux voix avant celle d'admettre un des élus et d'ajourner pour le surplus.

(El. du Var, 27 mars 1850, *Mon.* du 28, p. 1026.)

288. Lorsque l'ajournement est demandé, il ne doit pas être mis aux voix de préférence aux conclusions de la commission qui demandent l'admission, si la seule question en débat est bien réellement celle de la validité ou de la nullité de l'élection, sans aucun motif d'ajournement.

(El. de la Haute-Marne, 29 mai 1849, *Mon.* du 30, p. 1933.)

289. Lorsque la commission chargée d'examiner les élections a proposé de les valider, que, dans la discussion un membre a demandé l'annulation et un autre l'ajournement, la première question à mettre aux voix est celle de l'ajournement; ensuite celle de la validation demandée par la commission.

(El. de Saône-et-Loire, 23 mars 1850, *Mon.* du 24, p. 990.)

290. Quand, sur un rapport tendant à l'admission, une demande d'enquête est présentée, c'est cette dernière qui doit avoir la préférence ; car si l'admission, mise aux voix la première, était prononcée, l'enquête ordonnée ensuite ne pourrait plus avoir de conséquence sur la validité de l'élection, tandis qu'après une enquête, la question d'admission subsiste tout entière et peut encore être utilement proposée.

291. Il a donc été plusieurs fois décidé que l'enquête, demandée par la minorité du bureau ou par un représentant dans la discussion devant l'Assemblée, doit être mise aux voix avant les conclusions du bureau tendantes à l'admission.

(El. de l'Aube, 31 mai 1849, *Mon.* du 1er juin, p. 1956.
— de l'Aude, 2 juin, *Mon.* du 3, p. 1969 et suiv. — de

Vaucluse, *Mon.* du 3 juin 1849, p. 1974, 1985. — de Lot-et-Garonne, *eod.* p. 1990. — de Loir-et-Cher, 26 juillet 1849, *Mon.* du 27, p. 2489. — de l'Ardèche, 26 mars 1850, *Mon.* du 27, p. 1014.)

292. Si, par erreur, un scrutin a été ouvert sur la validité d'élections à l'égard desquelles une enquête a été demandée, le scrutin peut et doit être arrêté, et un nouveau scrutin ouvert sur la question d'enquête.

(El. de Vaucluse, M. Loyer, rapp., 4 juin 1849, *Mon.* du 5, p. 1984.)

293. Il peut arriver que, après un rapport demandant une enquête, la discussion conduise à penser que la nullité de l'élection peut être immédiatement prononcée; dans ce cas, la question d'annulation doit avoir la priorité. Si elle est admise, il n'y a plus besoin d'enquête; si elle est rejetée, la question d'enquête peut encore être posée.

294. Décidé en ce sens que, lorsque la commission demande une enquête sur une élection, et que, à la suite du débat élevé sur le rapport, des représentants demandent l'annulation immédiate de l'élection, c'est cette dernière proposition, la plus large, et non les conclusions de la commission, qui doit être mise aux voix la première.

(El. de M. Gent, M. Vivien, rapp., 20 juillet 1848, *Mon.* du 21, p. 1712.)

295. Toutefois, une enquête ayant été demandée par le rapport de la commission, sur les élections de la Martinique, le président mit d'abord aux voix cette proposition, bien qu'un membre eût, pendant la discussion, demandé l'annulation. (M. Charamaule, rapp., 17 octob. 1848, *Mon.* du 18, p. 2881.)

296. Le blâme proposé par un bureau de l'Assemblée contre un maire pour négligence dans l'accomplissement d'une prescription de la loi électorale, peut être mis aux voix. Mais le président peut ne pas consulter l'Assemblée sur ce point, si le rapporteur n'insiste pas, bien qu'il n'en ait pas référé préalablement au bureau.

(El. de M. Favand, M. Grimault, rapp., 28 janv. 1850, *Mon.* du 29, p. 922.)

297. Quand l'Assemblée a prononcé sur la validité des opérations électorales, le président proclame, s'il y a lieu,

l'admission de l'élu ou des élus. Bien que, dans chaque département, l'élection se fasse par scrutin de liste, il peut se trouver que les raisons qui militent contre l'élection de certains candidats n'existent pas à l'égard de celle des autres. L'admission de ces derniers ne doit pas en souffrir.

298. Ainsi, lorsque les irrégularités commises dans les élections d'un département n'ont eu lieu que dans une section, et n'ont donné naissance à des réclamations qu'à l'égard d'un seul élu, l'admission des autres ne doit pas être ajournée, surtout si la majorité ne leur restait pas moins acquise en retranchant tous les votes de la section dans laquelle on a signalé des irrégularités.

(El. des Basses-Alpes, M. Lequien, rapp., 29 mai 1849, *Mon.* du 30, p. 1928.)

299. Un des candidats élus peut être admis, tandis qu'on ajourne les autres, alors même que le sursis aurait été accordé pour attendre l'arrivée d'un autre candidat élu, dont on prétendrait que les explications pourraient avoir de l'influence sur la validation de l'élection tout entière.

(El. du Var, 27 mars 1850, *Mon.* du 28, p. 1026.)

300. L'allégation, par un membre de l'Assemblée, d'une protestation qui n'a pas été soumise au bureau de vérification des pouvoirs, et dont il annonce vouloir se servir ultérieurement, sans demander, d'ailleurs, l'annulation de l'élection, ne peut empêcher l'admission des candidats élus.

(El. de la Côte-d'Or, 29 mai 1849, *Mon.* du 30, p. 1929.)

301. Un représentant est rejeté, ajourné ou admis; mais quand il est admis, il l'est définitivement. Le défaut de production de pièces justifiant l'âge et la nationalité n'autorise pas à prononcer l'admission provisoire; si l'élection a été régulière, on doit en demander la validité, et surseoir à l'admission jusqu'à la production des justifications nécessaires ; l'admission, quand elle est prononcée, est toujours définitive et jamais provisoire.

(El. de M. Louis Bonaparte, M. Clément, rapp., 26 sept. 1848, *Mon.* du 27, p. 2607.)

302. Décidé de même qu'on ne peut admettre des re-présentants sous réserve. Si donc le bureau propose à l'Assemblée de renvoyer au Gouvernement une protestation afin de procéder à une enquête sur les faits qu'elle signale, l'Assemblée doit statuer sur l'admission ou la non-admission des élus, sauf à prononcer le renvoi demandé, ce qui peut avoir lieu par le même vote, ou par un vote séparé, si la division est demandée.

(El. de la Vienne, 24 janv. 1849, *Mon.* du 25, p. 249.)

303. L'admission prononcée est irrévocable. Ainsi, lorsque les conclusions d'un rapport tendant à l'admission ont été adoptées, la parole peut être donnée à un orateur sur des faits relatifs à cette élection, mais il ne peut plus être revenu sur l'admission prononcée, sous prétexte que le bureau de vérification n'avait pas eu connaissance de ces faits.

(El. de la Nièvre, 30 mai 1849, *Mon.* du 31, p. 1939.)

304. Lorsqu'un élu a été proclamé et admis, il n'y a pas lieu, sur la réclamation d'un représentant, de rectifier le nom sous lequel cet élu a été désigné, sous prétexte que ce n'est pas son véritable nom. L'Assemblée prend l'élu tel qu'il est désigné par le procès-verbal d'élection.

Ainsi décidé par un ordre du jour sur une réclamation présentée par M. Charras, après l'admission de M. Fialin de Persigny, 21 juin 1849, *Mon.* du 22, p. 2126.

305. Lorsqu'un citoyen a été admis comme suppléant élu aux colonies, il ne peut néanmoins siéger sans que l'Assemblée l'y ait autorisé.

(El. de M. Mazulime, 18 oct. 1848, *Mon.* du 19, p. 2891.)

§ 14. *Des enquêtes parlementaires.*

306. Il en est des enquêtes comme des protestations : les demandes qui en sont présentées ne doivent être prises en considération qu'autant qu'il s'agit de faits précisés, et qui, en les supposant prouvés, pourraient avoir pour effet de vicier l'élection. L'admission ou le rejet de la demande d'enquête dépend de l'appréciation libre et souveraine de l'Assemblée.

307. Il y a lieu d'ordonner une enquête, s'il est allégué que des électeurs ont voté sans remplir les conditions d'âge et de domicile, quand il est justifié, par les procès-verbaux, que des électeurs non inscrits sur la liste ont été admis à voter sur des cartes délivrées à la mairie, et qu'au fur et à mesure leurs noms ont été intercalés sur les listes électorales.

(El. de M. Gent, M. Vivien, rapp., 20 juillet 1848, *Mon.* du 21, p. 1710.)

308. Il y a lieu à une enquête parlementaire s'il est allégué dans des protestations, et avec de graves indices, que les scrutins ont été tenus irrégulièrement; que les billets auraient été déposés dans des boîtes non closes et disposées de manière qu'on pût en retirer des bulletins ou en ajouter d'autres; que, durant les opérations des votes des communes, le bureau des sections serait resté seul et sans surveillance; que les urnes du vote n'auraient pas partout été gardées pendant la nuit; si, d'un autre côté, plusieurs des procès-verbaux ne constatent pas l'accomplissement des formalités qui protégent les scrutins, et s'il est établi que, dans plusieurs communes, le nombre des bulletins trouvés dans les boîtes n'a pas été le même que celui des votants.

(El. de M. Gent, M. Vivien, rapp., 20 juillet 1848, *Mon.* du 21, p. 1710.)

309. Des faits de violence hors de la salle des élections, des luttes même dans la salle, des allégations de terreur et de menaces, s'ils ne suffisent pas pour annuler une élection immédiatement, doivent, du moins, faire ordonner une enquête.

(El. de M. de Laussat, M. Saint-Romme, rapp., 16 juin 1848, *Mon.* du 17, p. 1398.)

310. Une protestation où l'on se plaint de ce que des actes d'intimidation ont pu déterminer l'abstention d'un nombre considérable d'électeurs (51,000), ne peut motiver une enquête, si les signataires n'indiquent aucun fait précis.

(El. de Saône-et-Loire, M. Chassaigne-Goyon, rapp., 23 mars 1850, *Mon.* du 24, p. 988.)

311. La demande d'une enquête relative à des allégations d'intimidation ne doit pas être admise si elle présente, non pas des faits positifs et certifiés, mais seulement des allégations vagues, démenties par les résultats mêmes des opérations électorales.

(El. du Var, **M. Ch. Dupin**, rapp., 27 mars 1850, *Mon.* du 28, p. 1025.)

312. Une demande d'enquête ne doit pas être admise si des pièces déposées et des dires produits il ne résulte aucun fait de fraude électorale, et que la plupart se réduisent à des allégations sans preuves officielles.

(El. de l'Ardèche, **M. de la Grange**, rapp., 25 mars 1850, *Mon.* du 26, p. 1005.)

313. Il y a lieu d'ordonner une enquête parlementaire sur un fait de distribution d'argent, signalé par une lettre du procureur de la République, alors même que les candidats dans l'intérêt desquels le fait aurait eu lieu auraient obtenu dans le département une grande majorité.

(El. de MM. Fayet et Desmolles, **M. Germain Sarrut**, rapp., 6 mai 1848, *Mon.* du 7, p. 966.)

314. Mais il n'y a pas lieu d'ordonner une enquête sur une vague allégation de votes achetés, sans aucune indication sur le nombre, les auteurs, le lieu et les conditions de ces prétendus marchés.

(El. de Vaucluse, **M. Loyer**, rapp., 2 juin 1849, *Mon.* du 3, p. 1972.)

315. Il n'y a pas lieu, non plus, d'ordonner une enquête sur des allégations de faits de corruption, si, alors même qu'ils seraient tous complétement établis, ils ne suffiraient pas pour faire annuler l'élection.

(El. de Lot-et-Garonne, **M. Rodat**, rapp. 4 juin 1849, *Mon.* du 5, p. 1985.)

316. Il n'y a nullement lieu de s'arrêter à des protestations qui, sans aucune articulation précise, disent en termes généraux : l'enquête établirait de nombreux faits de corruption.

(El. de M. Clary, **M. Lequien**, rapp., 26 juillet 1849, *Mon.* du 27, p. 2487.)

317. Il y a lieu d'ordonner une enquête parlementaire si une protestation affirme que l'élu, qui était préfet, aurait réuni à la préfecture les sous-préfets, maires, officiers de la garde nationale, leur aurait demandé d'influencer en sa faveur les votes des électeurs, et que des menaces, des promesses, des lacérations de billets auraient eu lieu.

(El. de M. Gent, M. Vivien, rapp., 20 juillet 1848, *Mon.* du 21, p. 1710.)

318. Lorsqu'une demande d'enquête sur les élections d'un département a été rejetée, il n'y a plus lieu de discuter ni de délibérer sur les faits électoraux de ce département, ni, à plus forte raison, des autres départements; il n'y a plus qu'à mettre aux voix la validité de l'élection et l'admission des élus.

C'est ce qui a eu lieu à la suite du rejet d'une enquête sur les élections de Lot-et-Garonne; M. Monnet parla sur les faits électoraux en général, et fit une proposition de blâme; mais, d'après une observation du président, qui annonçait l'existence d'une proposition spéciale sur ce sujet qui n'était pas à l'ordre du jour, M. Monnet retira sa proposition, et l'Assemblée vota sur la validité de l'élection.

(5 juin 1849, *Mon.* du 6, p. 1996.)

319. Les commissaires nommés pour procéder à une enquête ont tout pouvoir dans l'intérêt de l'entier accomplissement de leur mission; ils peuvent faire venir des témoins ou se transporter sur les lieux. La procédure, à cet égard, s'établira par les précédents et par l'exercice du droit d'enquête, d'abord combattu par le gouvernement de la dernière monarchie, mais reconnu dès cette époque en principe, et mis plusieurs fois en pratique depuis 1848.

320. Une commission d'enquête peut déléguer plusieurs de ses membres pour compléter, dans le département dont une élection est contestée, l'enquête commencée à Paris.

Les commissaires de l'enquête peuvent et doivent faire prêter serment aux témoins qui viennent déposer; les dépositions doivent être recueillies par un greffier, puis signées, après lecture, par les déposants et par les commissaires.

Un citoyen ne peut exiger qu'on l'admette à assister à

l'enquête pour y représenter celui dont l'élection est contestée, une enquête parlementaire ne pouvant être assimilée à une enquête purement civile.

(El. de M. Laissac, M. Ferd. de Lasteyrie, rapp., 23 août 1848, *Mon.* du 24, p. 2122.)

§ 15. *De l'appréciation des élections attaquées comme entachées de fraude, violence et intimidation, corruption, immixtion de l'autorité, manœuvres frauduleuses.*

321. L'Assemblée est le juge souverain de la validité des élections ; elle n'apprécie pas seulement les irrégularités de formes qui peuvent avoir été commises dans les opérations électorales, elle se prononce aussi sur tous les faits qui affectent la moralité des élections, et peuvent avoir été assez graves pour déterminer l'annulation de tout ce qui a été accompli. Dans l'examen des actes et des circonstances de cette nature, il est impossible de suivre des règles générales ; les faits spéciaux de chaque affaire déterminent chaque solution ; et si, des nombreuses décisions des assemblées on peut induire quelques principes constants, il faut se garder de généraliser et d'ériger en jurisprudence des décisions variables comme les conjonctures, et qui ne peuvent pas rester toujours étrangères aux intérêts de parti.

322. 1° *Fraudes dans les opérations électorales, à l'intérieur du collège ou de la section.*

L'existence de deux paquets de bulletins qui, au dépouillement, auraient porté uniformément et sans exception, le nom du même candidat, peut être considérée comme un indice de fraude et devenir une cause d'annulation de l'élection.

(El. de M. Gent. M. Chapot, rapp., 10 août 1848, *Mon.* du 11, p. 1964.)

323. Il n'y a pas lieu de s'arrêter à des observations d'un bureau central, ni à une protestation d'un président de section, portant sur ce que quelques voix auraient été à tort attribuées, d'autres enlevées à des candidats, et sur ce que des bulletins auraient été arrachés et quelques autres imposés à plusieurs électeurs, si les candidats élus l'ont été à une très-grande majorité.

(El. de Loir-et-Cher, M. Lherbette, rapp., 31 mai 1849, *Mon.* du 1er juin, p. 1956.)

324. Le simple fait de la remise d'un bulletin par un membre du bureau à un électeur qui s'en serait servi pour voter, ne vicie pas une élection, surtout si personne n'a réclamé au moment où ce fait aurait eu lieu.

(El. des Basses-Alpes, M. Lequien, rapp., 7 juin 1849, *Mon.* du 8, p. 2019.)

325. Doit être écartée comme contraire à la vraisemblance une protestation portant qu'un maire, président d'un bureau, ouvrait tous les bulletins, de façon à connaître le vote de chaque électeur; qu'il avait devant lui, au pied de l'urne, un paquet de bulletins contenant les noms de certains candidats; qu'il avait déclaré qu'il destinait ces billets aux électeurs qui n'en auraient pas; et que, sur l'observation qui lui aurait été faite qu'il devait avoir, à cet effet, du papier blanc et non des bulletins imprimés, il aurait répondu qu'il lui avait été enjoint par le préfet d'influencer autant qu'il était en son pouvoir les élections.

(El. du Haut-Rhin, M. Vernhette, rapp., 5 avril 1850, *Mon.* du 6, p. 1111.)

326. 2° *Violences et intimidation.*

Une première règle consacrée dans cette matière, comme dans tous les cas où on attaque la moralité d'une élection, c'est qu'il ne suffit pas d'alléguer vaguement, dans une protestation ou un autre acte, qu'il y a eu violence, intimidation, atteinte à la liberté; il faut préciser les faits qu'on prouve ou dont on demande à faire la preuve.

327. Il n'y a donc pas lieu de s'arrêter à des protestations qui accusent des violences et des fraudes, sans en présenter l'articulation ni la justification, ou des manœuvres tentées par le clergé pour fausser les élections, sans non pas les justifier, surtout si un grand nombre de voix sépare le dernier candidat élu de celui qui venait ensuite et qui serait l'un des protestants.

(El. du Puy-de-Dôme, M. Salmon, rapp., 5 mai 1848, *Mon.* du 6, p. 957.)

328. Il n'y a pas lieu, non plus, de s'arrêter à une protestation dans laquelle des citoyens se plaignent d'atteintes portées à la liberté des votes, et demandent une enquête à ce sujet, si les faits se présentent dénués de toute espèce de preuves, surtout si, lors même qu'on retrancherait à l'élu les voix sur lesquelles les abus d'influence auraient pu s'exercer, ce retranchement ne changeait en rien le résultat de l'élection.

(El. de M. Rivet, M. Desclais, rapp., 3 octobre 1848, *Mon.* du 4, p. 2697.)

329. De même, on ne doit pas prendre en considération une protestation qui allègue vaguement des faits de compression ou d'intimidation, mais sans désigner aucun fait précis, aucun lieu, aucune personne.

(El. de l'Isère, M. Callet, rapp., 25 mars 1850, *Mon.* du 26, p. 1001.)

330. Des mesures prises par l'autorité, au moment des élections, pour assurer le maintien de l'ordre, ne peuvent être considérées comme des actes d'intimidation.

Ainsi, il n'y a pas lieu de s'arrêter à des protestations alléguant que, dans une des villes du département, un détachement de troupes, rangé en bataille sur une place, aurait chargé ses armes, et que ce fait aurait eu pour but et pour résultat d'intimider les populations, s'il est établi que cette démonstration a été motivée par l'agitation manifestée parmi les habitants de la ville au sujet de la dissolution récente de la garde nationale, et si, d'ailleurs, les électeurs de cette localité ont donné la majorité aux candidats de l'opposition.

(El. de Lot-et-Garonne, M. Rodat, rapp. 4 juin 1849, *Mon.* du 5, p. 1985.)

331. Décidé de même qu'on ne doit pas considérer comme un moyen d'intimidation l'envoi de petits détachements de soldats pour maintenir l'ordre dans les circonscriptions électorales.

(El. de M. de Grammont, M. de Mortemart, rapp. 6 août 1849, *Mon.* du 7, p. 2604.)

332. Par le même motif, il n'y a pas lieu de s'arrêter à des protestations fondées sur ce que les élections auraient été faites pendant l'état de siége.

(El. de Paris, M. Rateau, rapp., 18 juillet 1849, *Mon.* du 19, p. 2389. — de M. Clary, M. Lequien, rapp., 26 juillet 1849, *Mon.* du 27, p. 2486.)

333. De même encore on ne doit pas avoir égard à des protestations alléguant que les mesures de rigueur prises dans un département en vertu de l'état de siége ont empêché les électeurs de prendre part au scrutin, s'ils ont été, pour différentes réélections, en plus grand nombre que dans les autres départements.

(El. de M. de Grammont, M. de Mortemart, rapp., 6 août 1849, *Mon.* du 7, p. 2604.)

334. Ne peuvent être considérées comme exerçant une influence illégitime des proclamations par lesquelles un général, candidat élu, a, durant l'état de siége, recommandé l'énergie aux fonctionnaires, et menacé de destituer ceux qui ne rempliraient pas franchement et loyalement leur devoir, surtout si aucune destitution n'a eu lieu, et a menacé des voleurs et pillards de toutes la sévérité des lois militaires.

(El. de M. de Grammont, M. de Mortemart, rapp., 6 août 1849, *Mon.* du 7, p. 2604.)

335. Des désordres et violences commis dans la ville ou dans le pays ne deviennent des motifs de nullité des élections que quand ils ont agi directement sur les électeurs ou qu'ils ont eu un caractère assez grave pour empêcher ou pour commander le vote.

336. Une élection ne peut être annulée par cela que, avant les opérations, des démonstrations de désordre auraient eu lieu dans une ville, que l'autorité municipale aurait empêché de discuter les candidats dans des réunions préparatoires, et que l'installation de nouveaux conseils municipaux aurait été retardée dans la vue de favoriser l'un des candidats, surtout si l'élu a obtenu une majorité considérable.

(El. de M. Gent, M. Baraguey d'Hilliers, rapp., 14 octobre 1848, *Mon.* du 15, p. 2849.)

337. Mais doit être annulée une élection coloniale faite au milieu d'une grande agitation des esprits, précédée de violences plus ou moins graves sur divers points du territoire, alors même que l'on prétendrait que la présence

et les paroles d'un candidat non élu ont contribué aux désordres matériels survenus sur plusieurs points, bien qu'il ait failli lui-même en être victime.

(El. de la Guadeloupe, M. Vernhette, rapp., 17 octobre 1849, *Mon.* du 18, p. 3187, et suiv.)

338. Des tumultes et des violences autour du local ou dans le local même des élections ne suffisent pas toujours pour déterminer l'annulation.

339. Ainsi, il ne résulte pas de nullité de ce que le lieu des élections aurait été entouré par certaines personnes qui se seraient livrées à des actes de violence contre les électeurs, les auraient obligés à leur montrer leurs bulletins, auraient déchiré ceux qui ne leur convenaient pas, de ce qu'il y aurait même eu des menaces, des coups, et jusqu'à une arrestation arbitraire; si, en retranchant toutes les voix du collège où ces faits se seraient passés, le candidat élu, dont l'élection se trouverait attaquée par ce motif, était encore de plusieurs milliers de voix au-dessus des candidats venant après lui.

(El. de M. Laurent (de l'Ardèche), M. Recurt, rapp., 5 mai 1848, *Mon.* du 6, p. 958.)

340. Une élection ne doit pas, non plus, être annulée par cela que, dans une commune, des tumultes ont interrompu et même empêché de terminer les opérations, si ces tumultes ont été le résultat de malentendus, de diversions, mais sans prendre le caractère de sédition véritable.

(El. de la Guadeloupe, M. Dupont (de Bussac), rapp., 20 octobre 1848, *Mon.* du 21, p. 2916.)

341. Des violences exercées dans une section, et telles que la séance a dû être levée avant la fin de sa durée légale, ne suffisent pas pour faire annuler l'élection de candidats nommés cependant à une faible majorité, s'il n'est pas prouvé que ces faits aient pu avoir, par l'intimidation et l'abstention d'un certain nombre d'électeurs, une influence décisive sur le résultat de l'élection.

(El. de la Loire, M. de Melun, rapp., 15 juin 1849, *Mon.* du 16, p. 2083 et 2124.)

Les circonstances, dans cette affaire, étaient compliquées, contestées; l'élection ne fut validée qu'après une seconde épreuve.

342. Des allégations d'entraves à la liberté, d'actes ou paroles d'intimidation, ne peuvent faire annuler une élection qu'autant que la liberté des votants a été réellement opprimée, que les faits sont prouvés, et qu'ils ont eu un caractère de généralité.

343. Il n'y pas lieu de s'arrêter à une protestation énonçant, sans preuves ni précision, qu'une censure aurait été exercée en dehors du local des élections sur les bulletins des électeurs.

(El. de la Loire-Inférieure, 6 mai 1848. *Mon.* du 7, p. 966.)

344. Une protestation de deux électeurs se plaignant de ce qu'un électeur aurait, à la porte de la salle du collége, changé les bulletins d'un certain nombre d'électeurs, ne doit pas être prise en considération si ces électeurs ne se sont pas plaints, si rien ne constate que le changement ait eu lieu, ou, en supposant qu'il ait eu lieu, qu'il ait été opéré contre leur volonté.

(El. de M. Chambolle, M. Dupont (de Bussac), rapp., 26 sept. 1848, *Mon.* du 27, p. 2604.)

345. Des allégations d'influences exercées, de bulletins déchirés, n'ont aucune valeur si, dans la section dont il s'agit, les candidats élus n'ont obtenu qu'un très-petit nombre de voix, la presque totalité des suffrages s'étant portée sur les candidats opposés.

(El. de Vaucluse, M. Loyer, rapp., 2 juin 1849, *Mon.* du 3, p. 1972.)

346. L'accusation générale d'entraves apportées aux votes militaires est sans valeur, surtout si le nombre des militaires votants a été considérable et dans la même proportion que les électeurs civils.

(El. de Vaucluse, M. Loyer, rapp., 2 juin 1849, *Mon.* du 3 p. 1972.)

347. Une protestation portant que des maîtres ont menacé de renvoyer leurs domestiques, des fabricants leurs ouvriers, s'ils ne votaient pas comme eux, est trop vague pour entraîner la nullité de l'élection, et ne peut donner lieu non plus à une enquête. S'il y a des plaintes des domestiques ou employés, c'est devant les tribunaux qu'elles doivent être portées.

(El. de l'Aude, M. Larabit, rapp., 2 juin 1849, *Mon.* du 3, p. 1969.)

348. Des faits imputés à quelques propriétaires, et qui n'auraient eu d'autre résultat que d'éloigner de l'urne électorale un domestique et quelques mendiants, ne sauraient être accueillis comme faits d'intimidation viciant les élections d'un département, sur lesquelles ils n'ont pu exercer une influence notable.

(El. de Lot-et-Garonne, M. Rodat, rapp., 4 juin 1849, *Mon.* du 5, p. 1985.)

349. Le fait que le renvoi, opéré le jour de l'élection, de trois ouvriers d'une manufacture de l'Etat, aurait fait déclarer aux autres ouvriers qui n'avaient pas encore voté qu'ils voteraient dans un certain sens, ne suffirait pas, fût-il prouvé, pour faire annuler l'élection, si le déplacement de voix qui en serait résulté était indifférent, à raison de la grande majorité obtenue par les candidats élus.

(El. de Lot-et-Garonne, M. Rodat, rapp., 4 juin 1849, *Mon.* du 5, p. 1985.)

350. Il n'y a lieu de s'arrêter à une protestation émanée d'un candidat non réélu dans une colonie, et alléguant que les suffrages ont été détournés de lui par l'influence d'un autre candidat, que les élections ont été faites sous l'empire de la crainte, que les cultivateurs qui refusaient les bulletins distribués par les propriétaires étaient menacés d'être expulsés de l'habitation, et, en cas de refus, contraints par la violence et les voies de faits ; ces allégations générales, sans indication précise de noms, de lieux, de circonstances, ne peuvent ni entraîner la nullité de l'élection, ni motiver une enquête.

(El. de la Martinique, M. Champanhet, rapp., 23 juillet 1849, *Mon.* du 24. p. 2445.)

351. La formation, dans un arsenal maritime, de sections spéciales pour le vote des ouvriers de la marine, ne peut être considérée comme ayant pour but d'intimider et d'influencer les ouvriers, si, d'une part, le nombre des abstentions parmi eux a été dans une proportion plus faible que dans le reste du département; si, d'une autre part, ce sont les candidats présentés par ceux qui se plaignent

de la mesure qui ont le plus de voix parmi les ouvriers, et si les procès-verbaux ne font pas mention d'un seul fait qui puisse faire présumer l'intimidation, ni avant, ni pendant le vote.

(El. du Var, M. Ch. Dupin, rapp., 27 mars 1850, *Mon.* du 28, p. 1025.)

352. Il n'y a pas lieu de s'arrêter à une protestation alléguant qu'un sous-préfet aurait fait convoquer les instituteurs primaires, et aurait prononcé, dans cette réunion, une allocution électorale avec menace, si on ne fait pas connaître les termes de ce discours, et s'il résulte de renseignements pris que le but du sous-préfet était de recommander aux instituteurs de s'abstenir de toute influence.

(El. de l'Aude, M. Larabit, rapp., 2 juin 1849, *Mon.* du 3, p. 1969.)

353. On ne doit point avoir égard à l'allégation de paroles d'intimidation qui auraient été prononcées publiquement par un sous-préfet à l'égard d'un maire, au sujet des élections, si la déclaration de ce fait est signée par ce maire, mais non écrite par lui, et transmise, plusieurs jours après l'élection, par un tiers, au bureau de l'Assemblée.

(El. du Haut-Rhin, M. Vernhette, rapp., 5 avril 1850, *Mon.* du 6, p. 1111.)

354. 3° *Corruption.* Comme pour la violence et l'intimidation, il faut que les faits tendants à prouver qu'il y a eu corruption soient précis et concluants.

355. Ainsi une protestation qui, en alléguant des faits de corruption, mentionne dans des paragraphes distincts, sans désignation nominative, *un citoyen, un maître, un fabricant,* indique, par là même, que ces faits sont peu nombreux et insuffisants pour faire annuler l'élection.

(El. de l'Aude, M. Larabit, rapp., 2 juin 1849, *Mon.* du 3, p. 1969.)

356. La circonstance alléguée qu'une personne aurait donné de l'argent à un certain nombre d'électeurs, ne peut être une cause de nullité si, d'une part, les candidats sont restés complétement étrangers à ce fait ; que, d'une autre part, l'argent n'ait été donné qu'à des électeurs d'une

seule commune, en si petit nombre que la défalcation de leurs votes laisserait une grande majorité aux élus ; enfin que le fait lui-même et ses détails ne soient pas expliqués d'une manière péremptoire.

(El. de MM. Fayet et Desmolles, M. Landrin, rapp., 16 mai 1848, *Mon.* du 17, p. 1069.)

357. Ne doit pas être considérée comme une manœuvre électorale, la remise, par un candidat visitant un établissement industriel, d'une faible somme pour les ouvriers nombreux de l'établissement, surtout si la somme n'a pas été donnée par lui seul, mais aussi par les personnes qui l'accompagnaient, et si sa visite a été déterminée par des hostilités dirigées contre lui, dans l'intérêt d'un de ses concurrents.

(El. de M. Clary, M. Lequien, rapp., 26 juillet, *Mon.* du 27, p. 2487.)

358. Il n'y a pas lieu de s'arrêter à l'allégation, non précisée, que des repas électoraux auraient été donnés dans l'intérêt d'un candidat, s'il est établi seulement que ce candidat a payé la dépense minime d'un déjeuner que quelques anciens militaires et ouvriers avaient voulu lui offrir.

(El. de M. Clary, M. Lequien, rapp., 26 juillet, *Mon.* du 27, p. 2487.)

359. On ne doit pas s'arrêter à une protestation alléguant que, dans une commune, un électeur aurait refusé de vendre son suffrage pour un kilogramme de pain, et qu'un autre électeur aurait conduit dans la salle deux aveugles idiots, inscrits sur la liste, et qu'il se serait permis de faire voter. Il y a lieu seulement d'ordonner le renvoi de cette protestation au ministre de la justice.

(El. de Vaucluse, M. Loyer, rapp., 2 juin 1849, *Mon.* du 3, p. 1973.)

360. 4° *Immixtion de l'autorité.* L'immixtion de l'autorité, exercée de manière à influencer l'élection d'une manière illégale ou abusive, peut devenir une cause de nullité. La limite entre l'intervention légitime de l'autorité et son action illicite est infiniment difficile à tracer.

361. Le pouvoir central peut commettre des actes qui exercent une grande influence sur les élections. Les com-

munications politiques qu'il peut adresser, au moment du vote, peuvent avoir de l'influence sur un grand nombre d'électeurs. La question s'est élevée surtout lors des élections générales de 1849, à l'occasion d'une dépêche télégraphique dans laquelle le ministre de l'intérieur, en faisant connaître une nouvelle, indiquait le sens dans lequel avaient voté, dans l'Assemblée, les députés des départements. On s'est fait de cette circonstance une arme contre un grand nombre d'élections; on va voir que les décisions rendues à ce sujet présentent des nuances délicates et des variétés nombreuses.

362. En principe, la lecture d'une circulaire ou dépêche, relative à des bruits politiques, ne doit pas être faite dans un collége électoral, bien que conçue en termes inoffensifs et ne contenant que des faits vrais.

(El. de Vaucluse, M. Loyer, rapp., 2 juin 1849, *Mon.* du 3, p. 1972.)

363. Mais il importe peu que l'invitation de lire une dépêche télégraphique ait été adressée à deux présidents de bureau électoral par des sous-préfets, si cette invitation, d'ailleurs non prouvée, est restée sans effet, et ainsi n'a pu évidemment porter atteinte à la liberté morale des électeurs.

(El. de Lot-et-Garonne, M. Rodat, rapp., 4 juin 1849, *Mon.* du 5, p. 1985.

364. Une élection ne saurait être annulée, par cela seul, qu'au moment des opérations une dépêche contenant une nouvelle politique erronée aurait été affichée par l'autorité, si cette dépêche ne pouvait être considérée comme une manœuvre électorale au profit du candidat élu, et si elle n'a pu produire aucun résultat.

(El. de M. Ferdinand Barrot, M. Victor Lefranc, rapp., 11 juillet 1848, *Mon.* du 12, p. 1616.)

365. Une dépêche télégraphique par laquelle le ministre de l'intérieur fait connaître le fait d'un vote de l'Assemblée nationale, ne peut servir de grief contre une élection.

(El. de la Charente, M. Vieillard, rapp., 1er juin 1849, *Mon.* du 2, p. 1962.)

366. L'envoi et la publication d'une dépêche télégra-

phique ministérielle, avant l'élection, n'entraînent point
nullité s'il n'y a aucune circonstance de nature à prouver
que l'envoi de la dépêche ait en rien altéré la sincérité de
l'élection.

(El. des Vosges, M. Champanhet, rapp., 2 juin 1849,
Mon. du 3, p. 1971. — El. de l'Yonne, M. de Kerdrel,
rapp. 5 juin 1849, *Mon.* du 6, p. 1999.)

367. De même une protestation isolée contre une dépêche télégraphique du ministre de l'intérieur, surtout si
elle n'affirme pas que la dépêche ait été publiée, et, ainsi,
ait pu exercer une influence directe sur l'élection, ne
saurait empêcher la validation des opérations électorales.

(El. des Landes, M. Talon, rapp., 29 mai 1849, *Mon.*
du 30 p. 1930.)

368. Il n'y a pas lieu de s'arrêter à des protestations
fondées sur l'influence qu'aurait exercée une dépêche télégraphique parvenue avant l'élection, si elles n'indiquent
aucun fait particulier, et si le dernier des candidats élus
est séparé de celui qui le suit par une immense majorité
(30,000 voix), ce qui exclut l'idée d'une influence sur les
élections au moyen de la dépêche télégraphique.

(El. de la Manche, M. Anglade, rapp., 29 mai 1849,
Mon. du 30, p. 1931.)

369. Une dépêche télégraphique expédiée avant les
élections ne peut être considérée comme ayant changé
les volontés et les sympathies des citoyens, ni, par conséquent, vicier les élections, si les électeurs qui se plaignent
avaient porté sur leur liste un chef d'opposition; si les protestations relatives à la dépêche sont écrites à peu près
dans les mêmes termes, ce qui prouve l'envoi d'une for-
mule générale, envoi postérieur, de plusieurs jours, aux
élections, et si enfin la dépêche n'a été publiée qu'incom-
plétement comme interrompue par la nuit.

(El. de l'Aude, M. Larabit, rapp., 2 juin 1849, *Mon.* du
3, p. 1969.)

370. Une dépêche télégraphique indiquant des votes de
représentants ne peut être invoquée comme cause de
nullité des élections dans un département où aucun des
représentants alors en exercice ne se présentait comme
candidat.

(El. de l'Aube, M. Chégaray, rapp., 31 mai 1849, *Mon.* du 1er juin, p. 1955.)

371. Une dépêche télégraphique, affichée dans un département la veille des élections, et portant les noms des représentants candidats qui ont donné un certain vote politique, ne prend pas un caractère aggravant de manœuvre électorale par cela qu'elle a été contre-signée par le chef du cabinet du ministre qui l'a expédiée, alors même que ce chef est lui-même candidat, s'il n'était pas représentant, et si, d'ailleurs, son contre-seing est une règle constante pour toutes les copies de dépêches parties du cabinet du ministre par la poste ou par estafette. Il en est ainsi surtout si ce candidat élu a eu, d'une part, le dessus sur d'autres qui ne faisaient pas non plus partie de l'ancienne assemblée, et, d'autre part, sur d'anciens représentants qui n'ont obtenu qu'un très-petit nombre de voix, de telle sorte que, d'un côté ni de l'autre, la dépêche n'a pu avoir une influence sérieuse sur les chances des candidats.

(El. de M. Fremy, M. de Kerdrel, rapp., 5 juin 1849, *Mon.* du 6, p. 1999.)

372. L'envoi d'une dépêche télégraphique indiquant des votes et les noms de ceux qui les ont émis ne peut servir à faire invalider une élection sous prétexte de l'influence qu'elle a pu exercer, si la dépêche a été placardée seulement manuscrite au chef-lieu du département, sans l'indication des noms des votants, surtout s'il y avait un grand nombre de sections électorales, dans lesquelles il n'est par conséquent pas probable que la dépêche ait pu parvenir.

(El. des Côtes-du-Nord, M. Sainte-Beuve, rapp., 31 mai 1849, *Mon.* du 1er juin, p. 1950.)

373. Il n'y a pas lieu de s'arrêter à des protestations se plaignant d'une dépêche télégraphique expédiée deux jours avant l'élection, et faisant connaître le vote des représentants du département candidats aux prochaines élections, si, d'une part, la correspondance télégraphique n'existant pas jusqu'au chef-lieu de ce département, la dépêche n'aurait pu y arriver plus tôt que *le Moniteur* qui aurait fait connaître les votes; que, d'une autre part, en supposant la dépêche télégraphique arrivée au chef-

lieu, on n'aurait pu en avoir connaissance dans toutes les communes, bien que dans dix-sept localités, on ait fait une protestation imprimée, identique, et n'indiquant aucun fait particulier à ces localités ; enfin que, dans tous les cas, le dernier candidat élu appartienne à l'opposition et ait obtenu une majorité considérable.

(El. de l'Indre, **M. Ch. Dupin**, rapp., 29 mai 1849, *Mon.* du 30, p. 1931.)

374. L'envoi d'une dépêche télégraphique du Gouvernement ne peut devenir une cause de nullité d'une élection, si la dépêche n'est arrivée que par estafette au chef-lieu du département, qu'elle n'ait pu parvenir dans les cantons les plus rapprochés que lorsque le scrutin était déjà ouvert, et dans les cantons les plus éloignés que quand les opérations électorales étaient très-avancées ; si, d'ailleurs, la dépêche ne contenait pas d'indications qui pussent exercer une influence réelle sur l'élection à laquelle ont concouru des électeurs dans une proportion très-considérable.

(El. des Hautes-Pyrénées, **M. Levet**, rapp., 31 mai 1849, *Mon.* du 1er juin p. 1952.)

375. Ne doit pas être considéré comme moyen de nullité d'une élection ce fait, qu'une dépêche télégraphique qu'on voulait faire parvenir avant l'ouverture des opérations électorales dans un département où il n'y a pas de ligne télégraphique, avait été adressée d'abord aux sous-préfets les plus rapprochés, et non au chef-lieu du département.

(El. de l'Yonne, **M. de Kerdrel**, rapp., 5 juin 1849, *Mon.* du 6, p. 2000.)

376. Il n'y a pas lieu de s'arrêter à une protestation demandant la nullité des élections comme ayant été violentées moralement par une dépêche télégraphique du Gouvernement, si les signataires de la protestation appartiennent à une commune où la dépêche n'a pas été affichée, tandis qu'il n'est venu aucune réclamation des villes où cette publication a eu lieu ; si les réclamants n'allèguent aucun fait particulier d'où l'on puisse induire que la dépêche a exercé une fâcheuse influence, si enfin les élections ont eu lieu à de fortes majorités.

(El. des Ardennes, M. de Larcy, rapp., 31 mai 1849, *Mon.* du 1er juin, p. 1955.)

377. L'erreur commise dans une dépêche télégraphique portant qu'un représentant candidat s'est abstenu de voter dans une circonstance politique, tandis que, dans la réalité, il a voté, ne vicie pas l'élection, si la dépêche n'a été affichée que le soir de la veille du premier jour des élections, que cette affiche n'ait été apposée que dans une seule ville, et que l'erreur ait été rectifiée dès le lendemain dans la journée ; il en est ainsi surtout si le candidat dont il s'agit a été élu à une si grande majorité qu'il l'aurait conservée même en lui retranchant tous les suffrages du canton au chef-lieu duquel l'affiche avait été apposée.

(El. de l'Oise, M. de Montigny, rapp., 2 juin 1849, *Mon.* du 3, p. 1971.)

378. La seule publicité donnée à une dépêche télégraphique avant les élections, sans aucune manœuvre électorale, sans aucun rassemblement où la dépêche aurait été exploitée, n'est pas une cause de nullité, surtout si cette dépêche, contenant deux parties dont l'une indiquait les votes de certains représentants, a été affichée de manière que chaque affiche ne donnât qu'une de ces parties séparément, et si la majorité a été trop considérable pour qu'on puisse supposer que la simple publicité de la dépêche ainsi imprimée ait pu exercer de l'influence sur les élections.

(El. de la Sarthe, M. Bauchart, rapp., 31 mai 1849, *Mon.* du 1er juin, p. 1955.)

379. La publication, avant l'élection, d'une dépêche télégraphique n'indiquant le nom d'aucun représentant candidat, ne prend pas un caractère agressif et reprochable par cela seul qu'un placard injurieux, émané de simples citoyens, aurait été apposé à côté de la dépêche ; les deux affiches sont des actes différents et indépendants l'un de l'autre.

(El. de Lot-et-Garonne, M. Rodat, rapp., 4 juin 1849, *Mon.* du 5, p. 1985.)

380. Signaler spécialement et directement des citoyens, les appuyer, les recommander au choix des électeurs, c'est, de la part des fonctionnaires, un abus d'influence, une immixtion qui peut aller jusqu'à faire prononcer la nullité des élections.

381. Il y a abus d'influence dans une lettre écrite par le président de l'Assemblée nationale, signant en cette qualité, lettre adressée à un candidat dont elle fait l'éloge, et imprimée et distribuée au moment de l'élection.

(El. de M. Laissac, M. Ferd. de Lasteyrie, rapp., 23 août 1848, *Mon.* du 24, p. 2123.)

382. On doit voir un abus d'influence, capable de faire annuler l'élection dans des circulaires émanées du préfet du département, et par lesquelles il recommande nominativement, et en agissant avec sa qualité officielle, un des candidats, et où il répond, en signant avec d'autres citoyens, aux attaques dirigées contre ce candidat.

Il en est de même d'une circulaire par laquelle le préfet convoque à la préfecture, pour affaires pressantes, les chefs de service, et ne les fait venir ainsi que pour recommander un candidat.

Il en est de même encore des tournées faites dans le département, et où il provoquait des réunions de fonctionnaires ou de citoyens pour leur recommander un candidat et répandre des circulaires en sa faveur.

(El. de M. Laissac, M. Ferd. de Lasteyrie, rapp., 23 août 1848, *Mon.* du 24, p. 2123.)

383. La recommandation d'un candidat par une circulaire du commissaire du Gouvernement (préfet) est une intervention que l'Assemblée doit blâmer, quelles que soient, d'ailleurs, les circonstances qui puissent atténuer ce tort.

(El. de M. Laissac, M. Saint-Romme, rapp., 16 juin 1848, *Hon.* du 17, p. 1398.)

384. Une circulaire d'un préfet, par laquelle il désigne des citoyens au choix des électeurs, doit être blâmée, quelles que soient les circonstances atténuantes ; mais elle ne suffit pas pour faire annuler l'élection si les deux candidats recommandés par le préfet ont été repoussés à une grande majorité.

(El. du Tarn, M. Boissel, rapp., 12 décembre 1848, *Mon.* du 13 et du 14, p. 3550 et 3564.)

385. Il n'y a pas lieu de s'arrêter à des protestations

qui demandent la nullité d'une élection à raison de circulaires écrites, l'une par le préfet aux maires, et l'autre par l'évêque aux curés et desservants, pour recommander une liste, si ces circulaires n'imposent aucun choix et ne font que donner des explications et des conseils.

(El. des Côtes-du-Nord, M. Sainte-Beuve, rapp., 31 mai 1849, *Mon.* du 1er juin, p. 1949.)

386. Des protestations portant, sans aucune précision de temps, de lieux ni de personnes, que des maires auraient dit, en faisant publier une circulaire du préfet, qu'il ne fallait pas élire tel candidat, et que des maires auraient même désigné un candidat aux votes de leurs administrés, ne doivent pas être prises en considération, ni pour faire annuler l'élection ni pour motiver une enquête.

(El. de M. Clary, M. Lequien, rapp., 26 juillet 1849, *Mon.* du 27, p. 2486.)

387. L'envoi et la lecture, au moment des élections, d'une circulaire préfectorale n'ayant pour objet que de démentir des bruits faux et d'éclairer la population trompée, ne peut être ni une cause de nullité de l'élection, ni un motif de provoquer une enquête, si, d'ailleurs, cette dépêche ne contient rien d'offensif, rien qui concerne un vote ou indique les noms de représentants candidats, et qu'ainsi elle n'ait pu exercer aucune influence sur les élections.

(El. de Vaucluse, M. Loyer, rapp., 2 juin 1849, *Mon.* du 3, p. 1972.)

388. Lorsque après l'annulation d'une élection pour cause d'inéligibilité d'un candidat comme failli, le même candidat se présente, il n'est pas fondé à attaquer comme inconstitutionnelle une circulaire par laquelle le préfet avertit les électeurs qu'ils vont avoir à nommer un représentant en remplacement du candidat dont l'élection a été annulée par le motif qu'il n'est pas éligible. Cette circulaire ne faisait qu'énoncer le motif vrai et réel de l'annulation de l'élection par l'Assemblée.

(El. de M. Clary, M. Lequien, rapp., 26 juillet 1849, *Mon.* du 27, p. 2487.)

389. On ne peut considérer comme une immixtion illégale, dans l'élection, l'émission par le préfet, la

publication par les maires, la lecture par des présidents de section, d'une circulaire, d'ailleurs inoffensive, qui se réduit à énoncer le fait vrai de l'annulation, par l'Assemblée, d'une précédente élection d'un des candidats, annulation fondée sur l'inégibilité de ce candidat, alors même qu'il y aurait eu, dans la nouvelle élection, plus d'abstention d'électeurs qu'à la précédente et un petit nombre de billets blancs, si le changement d'opinion des électeurs s'explique par la position du candidat, position précisée par les publications de ses amis eux-mêmes, et qui, ainsi, a pu et dû être appréciée par tout le corps électoral.

(El. de M. Clary, M. Lequien, rapp., 26 juillet 1849, *Mon.* du 27, p. 2487.)

390. Ce n'est pas seulement par des recommandations écrites que des fonctionnaires peuvent exercer une influence abusive ; c'est par des démarches de toute espèce, avant ou pendant l'élection.

391. Ainsi, la réunion, par un préfet, dans l'hôtel de la préfecture, d'un grand nombre de fonctionnaires et de citoyens, réunion dans laquelle a été arrêtée la candidature du préfet, et où immédiatement un comité s'est formé pour appuyer cette candidature, est une cause de nullité de l'élection.

(El. de M. Gent, M. Chapot, rapp., 10 avril 1848, *Mon.* du 11, p. 1964.)

392. On doit aussi regarder comme des abus d'influence suffisants pour faire annuler une élection des démarches faites par des magistrats, soit auprès de leurs subordonnés, soit auprès des citoyens, surtout au moyen de distributions de lettres ou circulaiers personnelles.

(El. de M. Laissac, M. Ferdinand de Lasteyrie, rapp., 23 août 1848, *Mon.* du 24, p. 2123.

393. Il y a abus d'influence et motif d'annulation de l'élection dans le fait de maires qui, rassemblant les habitants au son du tambour, lisent en public des lettres et circulaires en faveur d'un candidat ; qui font afficher une circulaire électorale à la porte de la mairie ; distribuent des bulletins de vote au nom d'un candidat, et promettent la remise d'une journée de prestation à ceux qui iront voter;

qui payent à dîner à des indigents avec les fonds du bureau de bienfaisance, et en même temps leur remettent des bulletins tout faits, que plusieurs déclarent avoir déposés sans les lire ; qui ne délivrent les cartes d'électeurs qu'à certaines heures pendant deux jours avant l'élection, et les refusent le jour de l'élection, de manière à priver un grand nombre d'électeurs de leur droit, même malgré des sommations par huissiers.

(El. de M. Laissac, M. Ferd. de Lasteyrie, rapp., 23 août 1848, *Mon.* du 24, p. 2124.)

394. Le fait, de la part d'un préfet, d'avoir adressé aux maires et aux juges de paix du département des bulletins de vote, est blâmable, bien qu'on les lui ait demandés ; mais ce fait ne suffit pas pour faire annuler l'élection si la circulaire qui accompagne l'envoi est conçue dans des termes qui excluent toute pensée de violence ou d'intimidation, et se bornent à des conseils et à une prière de distribuer les bulletins.

(El. de l'Yonne, M. de Kerdrel, rapp., 5 juin 1849, *Mon.* du 6, p. 1999.)

395. On doit regarder comme un abus d'influence la distribution, surtout par des fonctionnaires publics, de bulletins numérotés, surtout s'il est avoué que cette précaution avait pour objet de s'assurer pour quel candidat avaient voté ceux qui avaient reçu ces bulletins.

(El. de M. Laissac, M. Ferd. de Lasteyrie, rapp., 23 août 1848, *Mon.* du 24, p. 2124.)

396. On ne saurait alléguer contre des élections l'appui que l'on prétendrait avoir été prêté par l'autorité à une liste, lorsque cette allégation se fonde sur ce qu'un journal aurait publié une liste indiquée comme ayant les sympathies de l'administration, si cette liste n'est pas celle qui a obtenu la majorité, et que ce soit sans la participation de l'autorité préfectorale qu'on ait tenté de se servir d'elle.

(El. de Vaucluse, M. Loyer, rapp., 2 juin 1849, *Mon.* du 3, p. 1972.)

397. Il n'y a pas lieu de s'arrêter à des protestations alléguant qu'un préfet aurait fait donner ordre par la gendarmerie, aux électeurs du département, de voter pour la liste envoyée par lui aux maires, si ce fait, d'ailleurs in-

vraisemblable, n'est présenté comme étant à la connaissance personnelle d'aucun de ceux qui en parlent, mais
signalé seulement comme venu à leur connaissance de
différentes parties de l'arrondissement.

(El. de l'Yonne, **M.** de Kerdrel, rapp., 5 juin 1849,
Mon. du 6, p. 2,000.)

398. L'envoi d'armes pour une compagnie de garde nationale ne saurait être considéré comme une manœuvre
électorale de la part d'un candidat chef du cabinet du ministre de l'intérieur, surtout si ces armes n'ont pas été
demandées par lui, et que son intervention se soit bornée
à s'informer, sur la demande du maire, pourquoi elles
n'avaient pas encore été expédiées de Paris.

(El. de **M.** Fremy, **M.** de Kerdrel, rapp., 5 juin 1849,
Mon. du 6, p. 2000.)

399. Il n'y a pas lieu de s'arrêter à des protestations où
l'on se plaint que certains maires auraient répandu un
placard injurieux, s'il est constaté que d'autres maires
d'une opinion contraire ont fait afficher des placards d'un
parti opposé, après y avoir apposé le sceau de la mairie.

(El. de Lot-et-Garonne, **M.** Rodat, rapp., 4 juin 1849,
Mon. du 5, p. 1985.)

400. Il n'y a pas lieu de s'arrêter à l'allégation, contenue dans une protestation, que des facteurs ruraux auraient été chargés de porter des bulletins contenant le
nom d'un candidat sans que ces paquets de bulletins aient
été soumis aux droits de poste ; il ne résulterait de ce fait
qu'une infraction à signaler à l'administration.

(El. de **M.** de Grammont, **M.** de Mortemart, rapp.,
6 août 1849, *Mon.* du 7, p. 2604.)

401. L'apposition du cachet de la mairie sur une affiche électorale, à la suite d'une simple autorisation d'afficher, n'est qu'une formalité qui ne constitue pas l'immixtion dans l'élection.

(El. de l'Ardèche, **M.** de Lagrange, rapp., 25 mars
1850, *Mon.* du 26, p. 1004.)

402. L'intervention des corps électifs, comme les conseils généraux de département, n'est pas plus admissible
que celle des fonctionnaires isolés ; mais il n'y a pas cause
de nullité d'une élection dans ce fait, que des membres du

conseil général du département se sont réunis et ont recommandé certains candidats, si, tout en prenant individuellement la qualité de membres du conseil général, ils n'ont pas agi comme corps, mais comme électeurs.

Cette distinction a donné lieu, en fait et en droit, à de vives discussions.

(El. de la Haute-Marne , M. Taschereau, rapp., 29 mai 1849, *Mon.* du 30, p. 1932 ; 30 mai, p. 1937.)

403. Lorsque, longtemps avant les élections, le président et le secrétaire de la dernière session du conseil général ont envoyé une circulaire pour provoquer la réunion des conseillers du département et des arrondissements, ainsi que des maires, à l'effet de former une liste de candidats à l'Assemblée législative ; que la réunion, indiquée peu de jours avant les élections, a eu lieu, mais que, sur l'observation de plusieurs conseillers, elle s'est aussitôt dissoute, sans qu'aucune liste ait été formée : dans ces circonstances, il n'y a pas lieu d'annuler l'élection pour immixtion illégale du conseil général.

(El. de Vaucluse, M. Loyer, rapp., 2 juin 1849, *Mon.* du 3, p. 1972.)

404. Il n'y a pas lieu d'ordonner une enquête sur l'immixtion du conseil général dans les candidatures, si une réunion du conseil a bien eu lieu, mais s'est aussitôt dissoute sans avoir rien fait, lorsque, d'ailleurs, on n'allègue nullement que l'intention de dresser une liste ait été réalisée, ou que des comités illégalement composés aient réellement existé.

On invoquait le précédent de l'élection de M. Gent, qui se distingue de l'espèce actuelle par des différences que le rapporteur a fait ressortir.

(El. de Vaucluse, M. Loyer, rapp., 2 juin 1849, *Mon.* du 3, p. 1972.)

405. Des nominations et des changements de fonctionnaires peuvent vicier une élection si on peut y voir une manœuvre de nature à influencer l'esprit des populations.

406. C'est ainsi que l'Assemblée nationale a décidé que la nomination, par un préfet, d'un commissaire général de police, faite au moment d'une élection où ce préfet était

candidat, et si ce commissaire général était le frère du préfet, peut être considérée comme un fait d'influence illégale, et devenir une cause d'annulation de l'élection.

(El. de M. Gent, M. Chapot, rapp., 10 août 1848, *Mon.* du 11, p. 1965.)

407. Des changements nombreux dans le personnel des fonctionnaires d'un département, changements opérés ou demandés par un préfet qui se portait candidat, sont des causes de nullité de son élection.

(El. de M. Gent, M. Chapot, rapp., 10 août 1848, *Mon.* du 11, p. 1965.)

408. Mais le remplacement de trois sous-préfets, et la suspension de quelques maires, à des époques différentes avant l'élection, ne sont pas des causes de nullité, ni des motifs suffisants d'enquête, si ces actes ont eu des causes administratives, que les réclamations ne leur en assignent pas d'autres, et se bornent à énoncer vaguement que les élections en ont été influencées.

(El. de Vaucluse, M. Loyer, rapp., 2 juin 1849, *Mon.* du 3, p. 1972.)

409. De même, des révocations de fonctionnaires, des suspensions de maires, la dissolution de deux gardes nationales, ne suffisent pas pour faire annuler des élections, si elles remontent à des époques trop anciennes pour qu'on puisse leur assigner un but électoral, et si celles qui sont voisines de la date des élections ne paraissent pas avoir pu en modifier les résultats.

(El. de Lot-et-Garonne, M. Rodat, rapp., 4 juin 1849, *Mon.* du 5, p. 1985.)

410. L'interdiction ou la répression d'actes illicites ou dangereux, relatifs à l'élection, ne peut pas être considérée comme une immixtion illégale.

411. Il n'y a donc pas lieu de s'arrêter à une protestation fondée sur ce que, dans une élection partielle, le préfet aurait refusé d'autoriser la publication d'une affiche.

(El. de l'Isère, M. Callet, rapp., 25 mars 1850, *Mon.* du 26, p. 1001.)

412. L'enlèvement, par la gendarmerie, d'affiches relatives à une question politique, ne peut être un moyen

d'attaquer l'élection, si ces affiches avaient été apposées contrairement à la loi.

(El. de l'Yonne, M. de Kerdrel, rapp., 5 juin 1849, *Mon.* du 6, p. 2000.)

413. Ne doit pas être prise en considération une protestation isolée par laquelle un citoyen se plaint que des affiches apposées par lui, sans les formalités légales, aient été lacérées par ordre de l'autorité, et que sa sûreté personnelle ait été compromise par l'apposition de nouvelles affiches, s'il n'allègue pas qu'on ait porté la moindre atteinte ni à sa personne, ni même aux affiches posées la seconde fois.

(El. de M. de Grammont, M. de Mortemart, rapp., 6 août 1849, *Mon.* du 7, p. 2604.)

414. Il n'y a pas lieu de s'arrêter à des protestations fondées sur ce qu'un garde champêtre aurait arraché une affiche favorable à un candidat, si, d'une part, ce fait était isolé et individuel, et si, d'autre part, l'affiche lacérée était diffamatoire pour un autre candidat.

(El. de M. Clary, M. Lequien, rapp., 26 juillet 1849, *Mon.* du 27, p. 2487.)

415. Il n'y a pas lieu de s'arrêter aux faits que des affiches favorables à un candidat auraient été lacérées par un gendarme, et qu'un maire se serait présenté, ceint de son écharpe, et ayant à son chapeau un bulletin de vote portant le nom d'un candidat, si ces faits ne sont énumérés que dans les protestations d'un candidat non élu ; ces allégations d'une partie intéressée ne peuvent motiver ni l'annulation de l'élection, ni une demande d'enquête.

(El. de M. Clary, M. Lequien, rapp., 26 juillet 1849, *Mon.* du 27, p. 2487.)

416. On ne peut invoquer contre une élection le refus du préfet de laisser colporter des écrits violents, si le préfet, après avoir soumis l'autorisation demandée au retrait d'une expression inconstitutionnelle, retrait qui n'avait pas été accordé, avait, par ordre supérieur, accordé l'autorisation, excepté à l'égard d'une seule personne, entre les mains de qui, en conséquence, quelques exemplaires ont été saisis au moment de la distribution ; si, d'ailleurs, l'ordre a été donné de lui restituer deux ballots de ces

imprimés adressés à une autre personne, et si des bulle-tins de vote, saisis sans aucun ordre, ne l'ont été que parce qu'ils se trouvaient mêlés à divers écrits imprimés.

(El. du Haut-Rhin, M. Vernhette, rapp., 5 avril 1850, *Mon.* du 6, p. 1111.)

417. On ne doit pas considérer comme illégale et comme viciant une élection une circulaire par laquelle le préfet du département, quelque temps avant l'élection, écrit aux maires d'interdire les réunions soi-disant élec-torales qui dégénéreraient en véritables clubs.

(El. de l'Yonne, M. de Kerdrel, rapp., 5 juin 1849, *Mon.* du 6, p. 2000.)

418. 5° *Manœuvres frauduleuses*. Ici encore, pour faire tomber une élection, il faut prouver, ou du moins de-mander à prouver des faits précis, graves, concluants : les allégations vagues ne seraient point écoutées. Le point essentiel et fort délicat, dans cet ordre de questions, c'est de distinguer entre les manœuvres réellement fraudu-leuses et le mouvement naturel que se donne chaque parti pour préparer le succès de ses candidats.

419. Il n'y a pas lieu de s'arrêter à une protestation qui attribue à un candidat des manœuvres tendant à tromper la crédulité des électeurs, s'il n'est produit au-cune pièce qui prouve ce fait ou même le rende vraisem-blable.

(El. de M. Louis Bonaparte, M. Emile Leroux, rapp., 27 septembre 1848, *Mon.* du 28, p. 2619.)

420. On ne doit point s'arrêter à une protestation allé-guant que des lettres, des circulaires répandues à pro-fusion, auraient égaré les électeurs, si aucune de ces piè-ces n'est jointe à la protestation.

(El. de M. Louis Bonaparte, M. Emile Leroux, rapp., 27 septembre 1848, *Mon.* du 28, p. 2619.)

421. Il n'y a pas lieu de s'arrêter à une protestation allé-guant l'influence exercée par quelques personnes en fa-veur d'un candidat non élu.

(El. de l'Isère, M. Bucher de Chauvigné, rapp., 25 mars 1850, *Mon.* du 26, p. 1000.)

422. Des articles de journaux contenant contre un des candidats des imputations graves et propres à détourner

de lui les suffrages de toute une classe de citoyens, ne peuvent, quelque blâmables qu'ils soient, être considérés comme des manœuvres électorales entraînant nullité, s'il n'est pas prouvé que ces publications ont réellement exercé une influence pénible, et si les choix qui ont eu lieu s'expliquent d'ailleurs par des faits étrangers aux imputations dirigées contre un des candidats.

(El. de la Martinique, M. Champanhet, rapp., 23 juillet 1849, *Mon.* du 24, p. 2445.)

423. Dans les luttes électorales, les candidats ou leurs amis emploient souvent l'arme des placards ou affiches ; les imputations qu'on s'y renvoie mutuellement ne sauraient être considérées comme des manœuvres frauduleuses ; ce sont des moyens dont la moralité est appréciée par la conscience publique, et qui peuvent même donner lieu à une action en justice, s'il y a diffamation : mais il ne saurait, en général, en résulter un motif d'annuler une élection.

424. Ainsi, ne peut être invoqué comme moyen de nullité d'une élection un placard contenant des imputations injurieuses, s'il n'est qu'une réponse à des attaques qui s'étaient produites sous la même forme.

(El. de Lot-et-Garonne, M. Rodat, rapp., 4 juin 1849, *Mon.* du 5, p. 1985.)

425. De même, l'affichage d'un placard hostile à un candidat, et favorable à un autre, ne peut être considéré comme une manœuvre de nature à vicier l'élection.

(El. de l'Ardèche, M. de Lagrange, rapp., 25 mars 1850, *Mon.* du 26, p. 1004.)

426. La circonstance que, dans une commune, une proclamation d'un comité électoral aurait été affichée dans le lieu où s'affichent ordinairement les placards de l'autorité municipale, en supposant même cette allégation exacte, n'aurait pu avoir une influence assez sérieuse pour motiver une demande d'annulation ou d'enquête.

(El. de l'Aube, M. Chégaray, rapp., 31 mai 1849, *Mon.* du 1er juin, p. 1955.)

427. Il n'y a aucune cause de nullité d'une élection dans une proclamation violemment hostile aux opinions d'une partie des candidats, si cette proclamation n'émane que d'un comité électoral, sans qu'il soit prouvé ni même allégué que l'autorité administrative ait pris part à cette manifestation.

(El. de l'Aube, M. Chégaray, rapp., 31 mai 1849, *Mon.* du 1er juin, p. 1955.)

428. Il n'y a pas lieu de s'arrêter à des protestations fondées sur ce que l'un des candidats aurait été présenté, dans des affiches, comme parent du chef du Gouvernement, tandis qu'il n'était que son allié.

(El. de M. Clary, M. Lequien, rapp., 26 juillet 1849, *Mon.* du 27, p. 2488.)

429. L'envoi, par un candidat, d'agents salariés à la journée, pour porter et répandre ses affiches, professions de foi et bulletins, n'est pas une manœuvre électorale illicite.

(El. de M. Clary, M. Lequien, rapp., 26 juillet 1849, *Mon.* du 27, p. 2487.)

430. Les membres du clergé jouissent des droits de citoyen ; ils peuvent donc, comme tels, participer aux élections, et agir dans le sens des opinions et des candidats dont ils désirent le succès. La difficulté de séparer leur influence sacerdotale de leur action purement civique a fait quelquefois présenter leur intervention personnelle comme une manœuvre électorale vicieuse ; l'Assemblée s'est rarement arrêtée à ce genre d'attaque contre une élection.

431. Il n'y a pas lieu de s'arrêter à une protestation relative à quelques manœuvres illicites du clergé dans un canton, si, en déduisant du nombre des suffrages obtenus, tous les votants de ce canton, cela ne changeait pas la majorité.

(El. du Morbihan, M. Havin, rapp., 5 mai 1848, *Mon.* du 6, p. 958.)

432. L'allégation, dans une protestation, que l'évêque, dans une tournée épiscopale, aurait usé de son influence pour combattre une liste de candidats, ne doit pas être prise en considération, si on ne dit pas comment il a usé de cette influence, de simples conversations ne pouvant être imputées à blâme.

(El. de l'Aude, M. Larabit, rapp., 2 juin 1849, *Mon.* du 3, p. 1969.)

433. Il n'y a pas lieu de s'arrêter à des allégations d'influence illégale de la part du clergé, si on ne les appuie que sur le fait d'une visite épiscopale et sur des accusations, d'ailleurs peu sérieuses, dirigées par un journal contre un seul curé.

(El. de Vaucluse, M. Loyer, rapp., 2 juin 1849, *Mon.* du 3, p. 1972.)

434. Il n'y a pas lieu de s'arrêter à une protestation portant que, dans une commune, l'évêque étant monté en chaire, aurait publiquement porté la parole pour influencer le vote des habitants, si on ne cite aucune parole, aucune phrase, si, d'ailleurs, cette allégation se trouve dans une protestation venue d'une autre commune éloignée, et si celle qui émane de quelques électeurs de la commune où le fait se serait passé, n'en fait aucune mention.

(El. de l'Aude, M. Larabit, rapp., 2 juin 1849, *Mon.* du 3, p. 1969.)

435. On ne doit même pas s'arrêter à des protestations dirigées contre l'influence cléricale, et alléguant que deux desservants de petites paroisses auraient attaqué en chaire, l'un, le caractère de l'agent connu d'un parti, l'autre, les tendances du parti lui-même, si le premier a retiré presque immédiatement les paroles peu mesurées qu'il aurait prononcées, et qu'on ne puisse supposer que les attaques du second aient pu avoir une influence appréciable sur la validité de l'élection, ses prédications ayant eu lieu dans une petite localité et en présence d'un auditoire très-restreint.

(El. de Lot-et-Garonne, M. Rodat, rapp., 4 juin 1849, *Mon.* du 5, p. 1985.)

436. Ne doit pas être prise en considération une protestation isolée alléguant comme moyen d'influence illégale l'acte d'un vicaire qui, agissant non comme prêtre, mais comme citoyen, aurait, dans une salle attenant à celle du scrutin, distribué des bulletins à ses paroissiens électeurs, et les aurait immédiatement fait voter sans leur laisser le temps de se concerter, surtout si d'autres personnes avaient agi de la même manière que lui, dans l'intérêt d'une autre opinion.

(El. de la Loire, M. de Melun, rapp., 15 juin 1849, *Mon.* du 16, p. 2083.)

437. Il n'y a pas lieu de s'arrêter à une protestation postérieure à l'élection, alléguant, sans donner de preuve et sans indiquer aucun nom, que des membres d'un comité électoral ont mis de la partialité, en vue de l'élection, dans la distribution de secours provenant d'une souscription destinée à soulager les citoyens nécessiteux.

(El. de l'Aude, M. Larabit, rapp., 2 juin 1849, *Mon.* du 3, p. 1969.)

438. Il n'y a pas lieu de s'arrêter à une protestation, surtout si elle est de beaucoup postérieure à l'élection, qui allègue que des armes auraient été distribuées au nom de deux candidats, à une compagnie de garde nationale, si ces armes ont été envoyées directement par le préfet, sans aucune intervention de ces candidats, à l'officier chargé de l'armement de la compagnie.

(El. de l'Yonne, M. de Kerdrel, rapp., 5 juin 1849, *Mon.* du 6, p. 2000.)

439. Le transport gratuit, par un candidat, directeur de messageries, d'armes destinées à une compagnie de garde nationale de son département, et dont le port n'aurait coûté qu'une somme minime, ne peut être considéré comme une manœuvre électorale propre à vicier l'élection.

(El. de l'Yonne, M. de Kerdrel, rapp., 5 juin 1849, *Mon.* du 6, p. 2000.)

440. Ne doit point être considérée comme manœuvre électorale une démarche faite par un candidat près du procureur de la République, sur la demande expresse d'un électeur, pour obtenir qu'il ne soit pas donné suite à un procès-verbal dressé contre ce dernier pour une simple contravention de police, et la lettre par laquelle il lui annonçait sa démarche et le résultat qu'il en espérait, lorsque, d'ailleurs, il n'est pas établi que le candidat ait en rien sollicité ou fait solliciter le suffrage de cet électeur.

(El. du Haut-Rhin, M. Vernhette, rapp., 5 avril 1850, *Mon.* du 6, p. 1111.)

441. Doit être annulée une élection faite aux colonies, s'il est démontré, par des documents officiels, que le parti favorable aux candidats élus a influencé les noirs en leur faisant craindre le retour à l'esclavage, et espérer une part à l'indemnité des colons et le partage des terres.

(El. de la Guadeloupe, M. Vernhette, rapp., 17 octobre 1849, *Mon.* du 18, p. 3187.)

442. La publicité donnée à des désistements motivés de la part de plusieurs candidats, ne peut être considérée comme une manœuvre électorale frauduleuse.

(El. de M. de Grammont, M. de Mortemart, rapp., 6 août 1849, *Mon.* du 7, p. 2604.)

443. On ne doit pas s'arrêter à une protestation mentionnant une distribution de bulletins faite en même temps que celle des cartes d'électeurs dans une commune, au profit d'un candidat non élu, surtout si la source de cette distribution n'est pas suffisamment indiquée.

(El. de M. Edgar Ney, M. Aubergé, rapp., 12 février 1850, *Mon.* du 13, p. 512.)

§ 16. *De l'âge, de la nationalité et de la capacité politique des éligibles.*

444. Sont éligibles, porte l'art. 26 de la Constitution, tous les électeurs âgés de vingt-cinq ans ; et aux termes de l'art. 2 de la loi électorale, pour être électeur, il faut être Français et jouir de ses droits civils et politiques. L'Assemblée qui vérifie les pouvoirs des élus doit donc faire porter, à leur égard, son examen sur ces trois points : l'âge, la nationalité, et la capacité politique.

445. La manière régulière de justifier de son âge est de produire son acte de naissance. En général, cette pièce doit être envoyée au bureau qui vérifie les pouvoirs ou au rapporteur nommé.

446. La justification de l'âge peut même être faite par la remise de l'acte de naissance au rapporteur, pendant qu'il est à la tribune.

(El. du Bas-Rhin, M. de Coislin, rapp., 21 mars 1850, *Mon.* du 22, p. 955).

447. L'Assemblée peut admettre un représentant, en se faisant lire une pièce qui prouve sa nationalité, alors même que le bureau qui a examiné l'élection aurait décidé de renvoyer au lendemain pour faire le rapport.

(El. de M. Milhoux, M. de Luppé, rapp., 4 mai 1848, *Mon.* du 5, p. 948.)

5

448. Dans les circonstances ordinaires, quand un élu ne produit pas son acte de naissance, son admission est ajournée jusqu'à cette production ; mais après des élections générales, et quand il y a des motifs d'urgence, l'intérêt d'une prompte constitution de l'Assemblée fait admettre des équivalents à l'acte de naissance.

449. Ainsi, il peut y être suppléé par un passe-port.

(El. de M. Hervieu, M. Blavoyer, rapp., 4 mai 1848, *Mon.* du 5, p. 948. — El. de l'Isère, 8 mai 1848, *Mon.* du 9, p. 980.)

450. Il peut y être suppléé aussi par un certificat du commissaire du Gouvernement (préfet), mentionnant l'époque précise de la naissance.

(El. du Gers, M. Legendre, rapp., 4 mai 1848, *Mon.* du 5, p. 949).

451. Par des certificats équivalents.

(El. de la Loire-Inférieure, 6 mai 1848, *Mon.* du 7, p. 966. — El. de M. Antony Thouret, 10 juin 1848, *Mon.* du 11, p. 1332.)

Par un acte de notoriété établissant l'âge et l'origine.

(El. de la Haute-Loire, M. Charamaule, rapp., 4 mai 1848, *Mon.* du 5, p. 949. — de M. Murat, 5 mai, *Mon.* du 6, p. 956. — de M. Valantin (Durand), M. Montrol, rapp., 16 janvier 1849, *Mon.* du 17, p. 153).

452. L'âge d'un élu né aux colonies, et qui ne produit pas son acte de naissance, peut être établi par des pièces que le bureau et l'Assemblée peuvent admettre si elles leur paraissent suffisantes pour justifier l'âge et la nationalité.

(El. de M. Laboulaye, M. de Coislin, rapp., 22 mars 1850, *Mon.* du 23, p. 971).

453. Des représentants peuvent être admis, sur la seule déclaration du rapporteur qu'il a été établi avec évidence, par les renseignements fournis au bureau, qu'il ne peut exister aucun doute raisonnable sur leur âge ni sur leur nationalité.

(El. de l'Orne, 4 mai 1848, *Mon.* du 5, p. 949. — de la Nièvre, *eod.*, p. 950).

454. La facilité avec laquelle on avait suppléé à la preuve de l'âge et de la nationalité lors des premières véri-

fications de pouvoirs des élus pour l'Assemblée constituante, diminua lorsque cessa l'urgence des circonstances qui avaient pu les autoriser. Ainsi, dans la séance du 14 juin 1848, plusieurs élus furent admis sauf la justification de l'âge et de nationalité. Il n'y eut pas de réclamation. (Voy. *Mon.* du 15, p. 1370. — De même pour l'élection de M. Picas, le lendemain, 15, *Mon.* du 16, p. 1380.)

Toutefois, dans la séance même du 14, la jurisprudence qui admettait des équivalents de toute espèce pour suppléer aux actes de naissance, fut de nouveau réclamée et appliquée à plusieurs élections. (Voy. *eod.*, p. 1371.)

455. La notoriété publique peut remplacer la production des pièces justificatives de l'âge et de la nationalité.

(El. de M. Louis Bonaparte, 26 septembre 1848, *Mon.* du 27, p. 2607).

456. Décidé de même que peut être dispensé de produire des pièces justificatives le candidat à l'égard duquel il est de notoriété publique qu'il a l'âge voulu par la loi et qu'il a conservé dans tous les temps la qualité de Français.

(El. de M. Molé, M. Ducos, rapp. 28 sept., 1848, *Mon.* du 29, p. 2631).

457. Il a été souvent décidé qu'à défaut de l'acte de naissance d'un représentant élu, ce représentant peut être admis sur la seule notoriété publique qu'il a l'âge légal.

(El. de M. Fargin-Fayolle , M. Luneau , rapp., 4 mai 1848, *Mon.* du 5, p. 947. — Même décision pour M. Rabuan, qui, de plus, déclarait avoir remis la veille son acte de naissance à la questure. M. Lagarde, rapp., *eod.* — pour M. Foy, M. Legrand, rapp., *eod.*, — pour MM. Baune et Martin Bernard, *eod.*, p. 949 ; Jules Favre, *eod.* — El. du Puy-de-Dôme, 5 mai. *Mon.* du 6, p. 957. — de l'Aveyron, 29 mai 1849, *Mon.* du 30, p. 1928. — des Hautes-Pyrénées, 31 mai 1849, *Mon.* du 1er juin, p. 1953.)

458. Des représentants qui ne produisent pas leur acte de naissance peuvent même être admis par cela seul que le rapporteur déclare à l'Assemblée, en leur présence, quel est leur âge, supérieur à l'âge légal.

Deux des élus, disait M. Amable Dubois, n'ont pas

produit leur acte de naissance, mais ils sont présents ; l'un est âgé de cinquante-trois ans, l'autre de soixante-quatre.

(El. des Vosges, 4 mai 1848, *Mon.* du 5, p. 949.)

458 *bis*. Il en est de même de la déclaration personnelle d'un représentant que l'élu a l'âge légal.

(El. de MM. Petit-Jean, Bourdon, Bruys, 4 mai 1848, *Mon.* du 5, p. 949. — de M. Dargent, *eod.*, p. 950.— de MM. Peupin et Perdiguier, *eod.* — El. de la Moselle, *eod.* — du Nord, *eod.* — de la Loire-Inférieure, 6 mai 1848, *Mon.* du 7, p. 966.— de MM. Chundot et Martin, 14 juin 1848, *Mon.* du 15, p. 1371. — de M. Alengri (él. de l'Aude, 2 juin 1849, *Mon.* du 3, p. 1819).

459. On peut accepter aussi comme justification de la nationalité d'un élu l'attestation d'autres représentants élus dans le même département, qu'il est, à leur connaissance, de notoriété publique, qu'il est né Français.

(El. de la Haute-Loire, M. Charamaule, rapp., 4 mai 1848, *Mon.* du 5, p. 949. — El. de la Loire-Inférieure, M. Charamaule, rapp., 6 mai 1848, *Mon.* du 7, p. 966. — de MM. Duriot, Chundot et Martin, 14 juin 1848, *Mon.* du 15, p. 1371.)

..... Ou qu'il avait précédemment exercé les droits électoraux. (El. de M. Rampon-Léchin, 14 juin 1848, *Mon.* du 15, p. 1371.)

460. L'Assemblée constituante a même admis, sans production d'acte de naissance, des représentants, par cela seul qu'en les voyant, les bureaux ou l'assemblée reconnaissaient qu'ils avaient l'âge légal.

(El. de M. Hervieu, M. Blavoyer, rapp., 4 mai 1848, *Mon.* du 5, p. 948.)

Le même fait a eu lieu à l'Assemblée législative pour M. Alengri.

(El. de l'Aude, 2 juin 1849, *Mon.* du 3, p. 1971.)

461. Les membres des anciennes chambres de députés n'ont pas besoin de produire leur acte de naissance pour prouver qu'ils ont l'âge légal.

(El. du Gers, M. Legendre, rapp., 4 mai 1848, *Mon.* du 5., p. 949.—El. de M. Lacroix, *eod.*, p. 949.—El. de l'Orne, *eod.*)

462. Il en est de même pour un ancien pair.

(El. de M. Daru, M. Pascal Duprat, rapp. 17 janvier, 1849, *Mon.* du 18, p. 163. — de M. le général Pelet, 27 mars 1850, *Mon.* du 28, p. 1025.)

463. De même pour ceux qui ont été représentants depuis 1848, ou, en général, membres des anciennes assemblées.

(El. de l'Allier, M. Salmon, rapp., 29 mai 1849, *Mon.* du 30, p. 1927. — de l'Ain, *eod.* — du Cher, *eod.*, p. 1928. — de l'Eure, M. Bixio, rapp. 29 mai 1849, *Mon.* du 30, p. 1929. — du Gard, M. Chasseloup-Laubat, rapp., 29 mai 1849, *Mon.* du 30, p. 1930. — de la Haute-Garonne, M. Grouchy, rapp., *eod.* — de l'Hérault, M. Cazalle, rapp., 29 mai 1849, *Mon.* du 30, p. 1930. — d'Ille-et-Vilaine, M. Tamisier, rapp., *eod.* — des Landes, M. Talon, rapp., *eod.* — de l'Indre, M. Charles Dupin, rapp., *eod.*, p. 1931. — de la Marne, M. Sage, rapp., *eod.* — de la Mayenne, 30 mai, p. 1938. — de la Meuse, *eod.* — de la Moselle, *eod.* — de la Nièvre, *eod.* — des Hautes-Pyrénées, 31 mai, p. 1953. — du Haut-Rhin, *eod.* — de la Haute-Saône, *eod.* — du Rhône, *eod.* — des Deux-Sèvres, p. 1954. — de la Somme, *eod.* — de la Sarthe, *eod.* — de la Haute-Vienne, p. 1955 — des Ardennes, *eod.* — de l'Aube, *eod.* — de la Seine, 2 juin, p. 1967. — de l'Aude, *eod.*, p. 1971. — de l'Oise, *eod.* — de Lot-et-Garonne, 4 juin., *eod.*, p. 1985. — de l'Yonne, 5 juin, p. 1999. — des Ardennes, M. Payer, 9 juin 1849, *Mon.* du 10, p. 2033. — M. Valette, 17 juillet, p. 2376. — M. Tixier, *eod.*, anciens représentants. — M. Morin, 17 juillet 1849. *Mon.* du 18, p. 2376. — M. Auberger, *eod.*, p. 2377. — M. de Lamartine, *eod.* — de la Seine, 18 juillet, p. 2389. — de M. Rouveure, 19 juillet, p. 2399. — de M. Jules Favre, 20 juillet, p. 2415, etc., etc.)

464. Mais un élu, par cela seul qu'il a déjà siégé dans une précédente assemblée législative, n'est pas dispensé de prouver sa nationalité, si elle est contestée.

Cela résulte du débat qui s'est engagé sur l'élection, à l'Assemblée législative, de M. Antony Thouret, ancien membre de la constituante ; cette circonstance de la qualité d'ancien législateur avait déterminé à admettre M. Thouret, sans autre examen de sa nationalité. Ce n'est qu'après la clôture des opérations du bureau qu'une réclamation avait été présentée au rapporteur par un représentant qui la porta ensuite à la tribune, où elle donna lieu à une discussion.

(El. de M. Antony Thouret, M. Dariste, rapp., 30 mai 1849, *Mon.* du 31, p. 1939.)

465. La qualité de citoyen français est suffisamment justifiée par cela que l'élu est ou a été fonctionnaire public.

(El. de la Gironde, M. Isambert, rapp., 4 mai 1848, *Mon.* du 5, p. 948.)

466. Un représentant peut être admis sans produire son acte de naissance s'il remplit depuis longtemps les fonctions de président d'un tribunal civil.

(El. de M. Démortreux, M. Blavoyer, rapp., 4 mai 1848, *Mon.* du 5, p. 498.)

467. Ou s'il est depuis vingt ans capitaine de navire.

(El. de M. Lubbert, 4 mai 1848, *Mon.* du 5, p. 948.)

468. Ou chef de bataillon de la garde nationale.

(El. de M. Baze, *eod.*)

469. Ou juge de paix depuis longtemps.

(El. de M. Petit-Jean, de M. Gasselin et de M. Duriot, 14 juin 1848, *Mon.* du 15, p. 1371, *eod.*, p. 949.)

Ou simplement juge de paix, ce qui suppose vingt-cinq ans. (El. de M. Laumandais, 5 mai 1848, *Mon.* du 6, p. 956.)

470. Ou juge suppléant depuis dix ans.

(El. de M. Ponint, 4 mai 1848, *Mon.* du 5, p. 949.)

471. Ou membre d'un conseil général de département.

(El. de M. Considerant, 5 mai, *Mon.* du 6, p. 956. — de M. Jollivet, 29 mai 1849, *Mon.* du 30, p. 1929. — de M. de Surville, *eod.*, p. 1930. — de M. de Wendel, 30 mai, p. 1998. — de M. Miot, *eod.* — de M. Estancelin, 31 mai 1849, *Mon.* du 1ᵉʳ juin, p. 1954. — de M. David, *eod.* — de MM. de Dompierre-d'Hornoy et Lefebvre-Dugrosriez, *eod.* — de la Sarthe, *eod.* — de la Haute-Vienne, p. 1955. — des Ardennes, *eod.* — de l'Oise, 2 juin, p. 1971. — de l'Yonne, 5 juin, p. 1999.

— de M. Lerioux de Largentay, 17 juillet, p. 2375. — de M. Paul de Kerdrel, *eod.*, p. 2376. — de M. Lagrange, *eod.*, p. 2378.

472. Ou s'il a exercé une fonction quelconque qui suppose vingt-cinq ans d'âge.

(El. du Puy-de-Dôme, 5 mai 1848, *Mon.* du 6, p. 957. — de l'Isère, 8 mai 1848, *Mon.* du 9, p. 980.)

473. S'il était docteur en médecine, et qu'il exerçât les droits électoraux sous le précédent gouvernement.

(El. de M. Rampon-Léchin, 14 juin 1848, *Mon.* du 15, p. 1371.)

474. S'il a été sous-préfet.

(El. de M. de Blois, 29 mai 1849, *Mon.* du 30, p. 1929; — de M. Leroy-Beaulieu, 17 juillet 1849, *Mon.* du 18, p. 2376, ou préfet, *id.*, *eod.*)

475. S'il est maire d'une ville.

(El. de M. Fourtanier, 29 mai 1849, *Mon.* du 30, p. 1930; — de M. Leroy-Beaulieu, 17 juillet 1849, *Mon.* du 18, p. 2376. — de M. Bourdon, 25 octobre 1849, *Mon.* du 18, p. 3350.)

476. Ou juge d'un tribunal de première instance.

(El. de M. Crestin, M. Sauvaire-Barthélemy, rapp., 29 mai 1849, *Mon.* du 30, p. 1930.)

477. Magistrat avant 1830.

(El. de M. Laureau, 30 mai 1849, *Mon.* du 31, p. 1938.)

478. Ou avocat.

(El. de la Haute-Vienne, 31 mai 1849, *Mon.* du 1er juin, p. 1955.)

479. La double condition de l'âge et de la nationalité est suffisamment justifiée, sans pièces à l'appui, par cela seul que le candidat élu occupe dans l'armée le grade de général.

(El. des généraux Radoult et Tartas, 4 mai 1848, *Mon.* du 5, p. 948. — du général Rullière, M. Gaslonde, rapp., 27 sept. 1848, *Mon.* du 28, p. 2619. — du général Regnault de Saint-Jean-d'Angely, 8 décemb. 1848, *Mon.* du 9, p. 3502. — du général d'Ornano, M. Fayet, rapp., 17 janvier 1849, *Mon.* du 18, p. 163. — de M. Romain-Desfossés, officier général de la marine, 29 mai 1849, *Mon.* du 30, p. 1929. — El. de l'Hérault, *eod.* p. 1930. — El. du général Gourgaud, 31 mai, p. 1954. — du général Rapatel, 2 juin, *Mon.* du 3, p. 1967. — du général Pelet, 27 mars 1850, *Mon.* du 28, p. 1025.)

480. Ou le grade de maréchal.

(El. de M. le maréchal Bugeaud, 8 déc. 1848, *Mon.* du 9, p. 3502.)

481. La perte des droits politiques ne se présume pas ; la jouissance de ces droits appartient à tous les citoyens qui ont justifié de leur nationalité : elle a été enlevée, par des raisons d'Etat, à certaines familles.

482. La partie de la loi de 1832 relative à la famille Bonaparte s'est trouvée implicitement abrogée depuis la révolution de Février, et les membres de cette famille ont pu et dû être admis comme représentants.

Ainsi décidé, après une longue et vive discussion, à l'occasion des élections multiples de M. Louis-Napoléon Bonaparte ; un des bureaux de l'Assemblée avait conclu contre l'admission. (17 mai 1848, *Mon.* du 10, p. 1077. — 13 juin, 1848, *Mon.* du 14, p. 1360 et suiv. — 14 juin, *Mon.* du 15, p. 1371.) La même question s'est présentée plusieurs fois encore, et n'a plus fait aucune difficulté.

483. Certaines condamnations judiciaires entraînent la perte des droits politiques, et ainsi de la faculté d'être élu.

La mesure de la transportation, ordonnée par l'Assemblée constituante après les événements de juin 1848, n'entraîne point d'incapacité politique, et ainsi ne vicie point l'élection d'un candidat qui avait été atteint par cette mesure.

(El. de M. de Flotte, M. Salmon, rapp., 21 mars 1850, *Mon.* du 22, p. 956.)

484. Une condamnation pour outrage à la morale publique et religieuse et aux bonnes mœurs, par la voie de la presse, est-elle, sous la loi de 1849, une cause de privation de l'éligibilité ?

La solution affirmative, proposée par le bureau de l'Assemblée à l'égard d'un des élus, ne fut pas consacrée, les élections du département ayant été annulées pour des motifs d'un ordre tout différent.

(El. de Saône-et-Loire, M. Chassaigne-Goyon, rapp., 23 mars 1850, *Mon.* du 24, p. 988.)

485. Lorsqu'un citoyen contre lequel des poursuites criminelles sont commencées a été élu représentant, l'Assemblée doit valider l'élection si les opérations ont été régulières, et prononcer l'admission de l'élu, les poursuites commencées n'entraînant pas l'incapacité politique.

Il y a lieu seulement alors de prononcer sur le réquisitoire, s'il est proposé immédiatement, tendant à obtenir l'autorisation de continuer les poursuites, décision qui peut être prise d'urgence, séance tenante, et sans renvoi dans les bureaux.

C'est ainsi qu'il a été procédé, après de vives discussions, sur l'élection de M. Raspail. (M. Girard, rapp., 26 sept. 1848, *Mon.* du 27, p. 2607.)

486. La loi électorale place l'état de faillite au nombre des causes qui empêchent l'éligibilité.

La question d'existence ou non-existence de la faillite est toute judiciaire, et les jugements rendus sur ce point ne sauraient être soumis à la révision parlementaire.

Une assemblée législative n'a donc aucun droit d'infirmer un acte de l'autorité judiciaire, et d'attribuer à un citoyen un état d'incapacité, par exemple, celui de failli, qu'un jugement régulier a déclaré ne pas exister.

(El. de la Martinique, M. Champanhet, rapp., 23 juillet 1849, *Mon.* du 24, p. 2445.)

487. Doit être annulée l'élection d'un citoyen qui est en état de faillite, bien qu'il ne soit failli qu'en qualité de gérant d'une société commerciale, et non en son nom personnel, quelle que soit d'ailleurs sa position vis-à-vis de ses créanciers personnels et sa bonne foi.

(El. de M. Germain Sarrut, M. Lherbette, rapp., 2 juin 1849, *Mon.* du 3, p. 1967.)

488. Lorsque, sur l'opposition à un jugement de déclaration de faillite, le tribunal de commerce qui l'a rendu décide qu'il doit être considéré comme nul et non avenu, le citoyen qui a obtenu ce jugement rentre dans la plénitude de ses droits civiques, et jouit de l'éligibilité législative, sans qu'on puisse invoquer devant l'Assemblée aucune circonstance tendant à faire considérer le second jugement comme entaché de simulation.

(El. de la Martinique. M. Champanhet, rapp. 23 juillet 1849, *Mon.* du 24, p. 2445.)

§ 17. *Des fonctions incompatibles avec celles de représentant.*

489. La constitution et la loi électorale établissent des causes d'icompatibilité avec les fonctions de représentant, et déterminent aussi les cas d'exception.

490. Lorsque, dans une élection, se présente une question d'incompatibilité entre les fonctions de l'élu et le mandat législatif, l'Assemblée doit se borner à déclarer l'élection valide, s'il y a lieu. C'est ensuite au gouvernement à faire l'application de la loi d'incompatibilité ; si la question n'est pas résolue conformément à la loi, l'Assemblée peut ultérieurement s'en saisir : mais elle n'a point à s'en occuper au moment de la vérification des pouvoirs et de l'admission de l'élu.

(El. de M. Payer, M. de Larcy, rapp., 9 juin 1849, *Mon.* du 10, p. 2033.)

Le bureau avait procédé autrement ; il avait examiné la question au fond, et proposé à l'Assemblée de prononcer l'incompatibilité.

491. La disposition qui déclare les officiers généraux commandant les divisions et les subdivisions militaires inéligibles par les départements compris dans leur ressort, ne s'applique qu'au commandant territorial, et non à l'officier général qui, indépendamment du général commandant la division, est investi, du commandement distinct et supérieur des troupes et des gardes nationales de cette division.

(El. du général Changarnier, 25 juin 1849, *Mon.* du 26, p. 2152.)

492. L'incompatibilité qui exclut les généraux commandant les divisions et subdivisions militaires, n'atteint pas un général qui, après qu'une division a été mise en état de siége, a été investi des pouvoirs que comporte cette mesure dans une des subdivisions, en l'absence du général commandant titulaire. On ne peut objecter qu'il

réunit en lui les fonctions des préfets et des membres des parquets, s'il est constant que ces magistrats n'ont pas cessé de remplir leurs devoirs depuis l'état de siége.

(El. de M. de Grammont, M. de Mortemart, 6 août 1849, *Mon.* du 7, p. 2604.)

§ 18. *Des options, et des vacances par démission.*

493. Bien que la lettre par laquelle un candidat déclare opter pour tel département, n'ait été remise au président qu'après le délai de l'option, l'option n'en doit pas moins être admise, si la lettre était datée avant l'expiration du délai, et si un avertissement avait été donné par un collègue du représentant.

(El. de M. Pyat, 15 juin 1849. *Mon.* du 16, p. 2084.)

494. En cas de vacance par démission, le délai dans lequel le collége électoral qui devra y pourvoir doit être réuni, part, non pas du jour, constaté par *le Moniteur*, où la démission a été reçue par l'Assemblée, mais du jour où elle a été notifiée au ministre de l'intérieur.

Il a été procédé ainsi sur la démission de M. Goldenberg; MM. Chauffour et Mauguin ont prétendu que le délai devait partir du jour de la démission donnée et constatée; l'Assemblée paraît avoir acquiescé à l'interprétation donnée par le ministre, puisque après l'interpellation et la discussion qui s'ensuivit, elle passa à l'ordre du jour (15 mai 1850, *Mon.* du 16, p. 1697).

EXTRAIT DU MONITEUR UNIVERSEL
des 31 mai, 3, 7, 8, 11, 13, 16 et 17 juin 1850.

TABLE DES MATIÈRES.

FIN DE LA TABLE.

www.ingramcontent.com/pod-product-compliance
Ingram Content Group UK Ltd.
Pitfield, Milton Keynes, MK11 3LW, UK
UKHW022246120726
13694UKWH00003B/984